김학철과 함께
격정의 시대로

일러두기

1. 중국 및 북한의 인명은 두음법칙을 적용하지 않고 표기하였다. 그 외 인명과 지명은 두음법칙을 적용하는 것을 원칙으로 하였다.

2. 중국의 지명은 한자 독음(발음)이 아닌 훈음을 기준으로 표기하였으며 독자들의 편의를 위해 대표적인 지명 및 인명은 외국어 표기법에 따라 중국식 발음을 병기하거나 한자를 넣어두었다. 그 외 지명과 인명은 외래어 표기법을 따랐다.

3. 김학철 작품에 대한 인용 부분은 원문 그대로 인용하는 것을 원칙으로 하되, 필요한 경우 이해를 돕기 위해 동의어 혹은 설명을 넣어두었다.

4. 책, 잡지, 신문 등의 이름은 《 》(겹화살괄호)로, 단편소설·시·영화·노래·논문 등 작품의 이름은 〈 〉(홑화살괄호)로 표기하였다.

조선의용대
최후의 분대장
김학철

김학철과 함께
격정의 시대로

김해양·김호웅 편저

조선의용군의 전신-조선의용대 발대식 기념사진

맨 앞줄 왼쪽부터 리익성, 두 사람 건너 박효삼, 다시 두 사람 건너 최창익, 한 사람 건너 석정(윤세주), 리집중(리화림의 남편), 김원봉 총대장, 그리고 맨 끝의 여성이 김위(당시 영화 황제로 불리던 김염의 누이동생), 둘째 줄 왼쪽 첫 번째가 문정일, 한 사람 건너 훗날의 뛰어난 군사지휘관 장평산, 둘째 줄 오른쪽에서 세 번째 양복 입은 사람이 용감한 테러리스트 리소민(리경산)이다.

《격정시대》 집필 중인 김학철.

서울 명동에서 있었던 김학철 작품 합평회 및 환영회. 김남천, 이태준, 박태원, 이원조 등
당시 한국 좌익 대표 문인들 대거 집결(1946년).

1981년 김학철 일가를 찾아온 정령(丁玲), 진명(陈明) 부부(가운데 두 분)와 작가 루괄이(樓适夷) 부부. 상해 시절, 그들은 모두 로신(魯迅)의 전우였다.

북경 이화원(頤和園) 소와전(邵窩殿)의 김학철 처소를 찾은 서광요(徐光耀)와 진묘(陳淼). 앞줄은 김학철의 부인 김혜원(金惠媛)과 아들 김해양(1953년).

보성고 선후배 사이인 조정래 선생 부부와의 산책(1998년).

신경림 시인과 서울에서의 만남(1996년).

백낙청 교수, 최원식 교수와 함께 창비 사무실에서의 환담(1996년).

강만길 교수, 성대경 교수와 함께 파고다공원 정문을 지나는 김학철(1996년).

김학철항일문학비 제막식에서 중국 작가 철응(铁凝)과 김해양(2005년).

안도현 시인 부부, 중국 김학철옛집박물관 방문(2025년).

중국 태항산의 학철령(學鐵嶺)을 찾은 한국 답사팀(2023년).

중국 길림성 연길시교(延吉市郊)의 김학철문학비 제막식(2006년).

차 례

- **추천사** 김학철 선생과 그의 격정시대 　　　　　　016
- **머리말** 인간 김학철과 그의 전우들 　　　　　　　019

1부
태항산 기슭에 석류꽃 붉게 물들다 　　　　　　　023

2부
중국 석가장 일본헌병사령부에서
일본 나가사키 감옥으로 　　　　　　　　　　　　039

3부
자유와 독립의 길을 찾아 떠난 청년 김학철 　　　055

4부
상해에서의 반일 테러 활동 　　　　　　　　　　067

5부
황포군관학교와 조선의용대 　　　　　　　　　　089

6부
태항산 팔로군사령부와 팽덕회 　　　　　　　　　111

7부
일본 나가사키형무소 　　　　　　　　　　　　　121

8부
일본 감옥에서 서울, 평양 그리고 또다시 북경으로   141

9부
북경에서 정령과 함께   159

10부
연변에서 주덕해와의 인연   173

11부
작가 김학철의 작품 세계   183

12부
두만강에서의 마지막 길   201

- **부록 1**   김해양의 일기 11편   213
  〈마지막 스무 하루의 낮과 밤〉에서 발췌
- **부록 2**   김호웅 교수가 바라본 김학철   221
- **부록 3**   김학철 선생이 생전에 정리한 자료 1   245
  황포군관학교 13기(특별6반) 조선인 학생 명단
- **부록 4**   김학철 선생이 생전에 정리한 자료 2   252
  조선의용대 명단
- **부록 5**   김학철 연보   259
- **김학철 항일 투쟁 경로**   266
- **조선의용군 투쟁 경로**   267

■ 추천사

김학철 선생과 그의 격정시대

이종찬(대한민국 광복회 회장)

김학철 선생의 일생을 다룬 이 책의 추천사를 쓰고자 여러 날 벼르다가 마음잡고 책상에 앉으면 글쓰기에 실패하곤 했다. 그것도 한두 번이 아니라 여러 번이나 실패했다. 결국 나는 그 이유를 알았다. 나는 선생이 살았던 그 시대의 격정의 반만큼도 느끼지 못하고 심지어 격정을 잃은 상태에서 살고 있었기 때문이다.

김학철 선생은 일찍부터 일제하의 암흑 같은 시대를 벗어나고자 발버둥을 쳤다. 비운의 삶을 박차고 독립 전선에 투신했다. 민족주의 어르신네를 찾아 모시고 청춘과 목숨을 걸고 싸웠고 다시 중국 팔로군과 같이 조선의용군 분대장으로 일본군과 치열하게 혈전을 이어갔다. 결국 그는 호가장 전투에서 부상당하여 포로가 됐다.

일제는 김학철 선생이 군복을 입고 전장에서 포로가 되었지만 포로로 인정하지 않고 "너는 포로가 아니라 대일본 제국의 치안을 어지럽힌 조센진(조선 사람) 정치범이다." 하며 나가사키형무소로 보냈다. 물론 부상당한 다리 치료를 조건으로 조선을 배신하라고 종용했다. 그들은 김학철 선생의 '격정'을 알 리가 없다. 수많은 친일 세력이 자진해서 일제의 종이 됐던 기록을 그들은 갖고 있었다. 그러나 김학철 선생은 달랐다. 다리를 절단할망정 너희에게 무릎을 꿇지 않는다고 저항했다. 이것이 격정의 시대를 산 김학철 선생과 같은 분들의 기본 자세다. 다리가 잘려 외다리로 살망정 양심은 팔지 않는다는 선언이었다.

그는 외다리로 해방을 맞았다. 해방 정국에서 친일파들은 더 권세를 부리며 살고 있었다. 김학철 선생에겐 그런 세상은 격정이 아니라 '변절'이었다. 더욱이 진보세력에 생명의 위협까지 다가왔다. 부득이 고향을 찾아 북으로 갔다. 원산이 고향이었다.

하지만 북쪽은 우상화 존재가 새로운 폭력의 기구로 바뀌어 있었다. 무산대중은 발붙이지 못하고 새로운 권력의 타이러니(Tyrunny)에게 압사당하고 있었다. 김학철 선생은 '독재가 제작한 새로운 유령(유고슬라비아의 공산당원이었던 밀반 질러스의 말)'과 일전을 벌이지 않을 수 없었다.

김학철 선생은 고국을 등지고 다시 중국으로 이주했다. 하지만 정황은 크게 다르지 않았다. 그분은 다시 격정을 가라앉히지 못하고 저항했다. '문화대혁명'이란 이름으로 다시 옥중 생활을 했다. 이걸 도무지 무엇이라 설명할까? 기대했던 모든 권력은 당신을 배신했다. 아니 김학철 선생을 배신한 것이 아니라 인민을 배신한 것이다.

김학철 선생이 겪으신 격정의 시대는 휴머니즘에 대한 절규였다. 그분의 방황은 해방의 길을 찾지 못한 평범한 인간이 겪는 고통이다. 그 길은 우도 아니고 좌도 아니다. 인간 본래의 삶을 보장받으려는 요구였다. 권력은 항상 김학철 선생을 배반했다. 그분은 특유의 격정으로 저항했다. 그래서 허약한 우리는 김학철 선생이 사신 격정의 시대를 우러러보고 흉내라도 내고 싶은 것이다.

큰 스승 김학철 선생은 떠나고 그분의 외다리를 지탱해줬던 지팡이만

남았다. 그 지팡이가, 그의 아들 김해양 선생과 김호웅 교수가 수고스럽게 정리해낸 이 책과 함께 시대의 불씨처럼 길잡이로 우리를 깨우치고 있다.

절대 권력을 믿지 말라. 권력은 언제나 배신할 수 있다. 격정을 갖고 권력을 감시하고 싸우라.

그게 인간 해방의 일이란 사실을 우리는 오늘도 배우고 있다. 광복 80주년을 맞으며 우리 민족의 역사를 잊지 않으려는 모든 이들에게 부디 일독을 권한다.

2025년 6월의 햇볕 아래

머리말

인간 김학철과 그의 전우들

김해양

올해 2025년 광복 80주년을 맞아 도서출판 레드우드 이선애 대표께서 '김학철과 함께 치열했던 항전의 역사 현장을 다시 걸을 수 있는' 기회를 주셔서 고맙습니다. 또한 선친 김학철과 교분이 깊은 한국광복회 이종찬 회장께서 《김학철 문학 전집》에 이어 이번에도 추천사를 보내주셔서 정말 감사합니다.

저는 이 기회에 다시 한번 수십 년간 김학철의 저작과 김학철 관련 서적을 출판해온 창작과비평, 실천문학, 문학사상, 풀빛, 거름, 그레이트, 보리 등 여러 출판사에 충심으로 감사드립니다. 특히 보리출판사는 현재 《김학철 문학 전집》 12권을 출판 중입니다. 유문숙 대표님과 윤구병 선생님께 김학철과 그의 전우들의 이름으로 다시 한번 감사의 말씀 올립니다.

출판을 준비하며 레드우드 대표께서 '인간 김학철'에 관한 글을 부탁해 왔습니다. 일상 속에서의 '최후의 분대장'은 어땠는지 독자들께 알리고 싶은 것입니다. 저도 아버지를 만나러 가기 전 그에 대한 인상을 남기고 싶었습니다.

우선 김학철과 조선의용대 전우들의 공통점이 무엇일까 생각해보았습니다. 자유와 진리에 대한 갈망? 목표를 향한 굳은 의지? 다 맞는 말입니다. 다만 인간적인 면에서 보면 첫째로는 겸손함과 타인에 대한 배려를 들 수 있겠습니다.

아버지는 젊은 후배들께도 꼭 존경어를 쓰셨고 뛰어난 기억력으로 훗날 이름을 불러주셨습니다. 전쟁터에서는 노트에 이름을 적어두는 것이 사치입니다. 일일이 머릿속에 저장해야 합니다. 그의 놀랄 만한 기억력은 그때 훈련된 필수 기능이겠지요. 아버지는 평생의 절친인 문정일 선생을 만나면 수십 년 전의 사건들을 날짜까지 기억해 자연스럽게 이야기하곤 하셨습니다. 정말 놀라운 모습이었습니다.

아버님은 돌아가시기 일주일 전, 돋보기로 조선의용대 창립 기념사진 속 전우들을 하나하나 확인하며 그들의 본명과 원적을 저에게 일일이 기록하게 하셨습니다. 단식으로 기력이 쇠약해진 몸을 간신히 지탱하고 앉아 그 누구도 다시 할 수 없는 작업을 이어가셨습니다. 이로써 청년 영웅들의 이름과 얼굴이 정확하게 역사에 남을 수 있게 되었습니다.

김학철과 조선의용대 전우들은 또한 보편적으로 술 담배를 못합니다. 젊은 학생 시절부터 독립 투쟁에 뛰어든 그들이 험난한 전쟁터에서 술 담배를 배울 시간과 여건이 있었겠습니까. 자유와 독립을 취득한 날, 살아남은 그들은 이미 성숙한 사회의 중견이 되었습니다. 술 담배를 할 흥취(興趣)가 없었을 것입니다. 선친은 저에게 군인 생활을 못 해본 것이 유감이라 하셨습니다. 처음엔 귓전으로 들었는데 세월이 갈수록 그 깊은 뜻을 느낄 수 있었습니다. 전우들의 단합된 힘과 의지, 그런 것들이겠지요.

아버님의 일상은 평생 해뜨기 전 깨어나 강변 산책길에서 외다리에 두 목발 걷기 운동으로 시작했습니다. 그리고 소식(적게 드시는 식습관)하시고 점심 한 끼는 과일로 대체하셨습니다. 글 쓰실 때는 꼭 볼펜을 사용하셨고 초고에서 완고까지는 세 번을 고쳐 썼습니다. 보성고 선후배인 조정래 선생님과 컴퓨터 없이 수작업하시는 모습이 같습니다.

고된 창작 작업 외에 가장 많이 시간을 할애한 것은 독서였고, 즐거운 일상의 대부분은 가족과 대화하거나 영화와 음악으로 마음을 넓히며 채우셨습니다. 식구들과 함께하는 식사 시간엔 찰스 디킨스의 작품 속 인물들이, 미하일 숄로호프의 급변하는 사건들이 식탁을 풍요롭게 했습니다.

책장의 일부를 차지하고 있는 여러 영화 테이프들 가운데 아버지가 가장 사랑한 두 편은 단연 〈쉰들러 리스트〉와 〈서편제〉입니다. 수십 번 보시고 또 보아도 영원히 지루해하지 않은 명작들입니다.

음악은 날마다 빠질 수 없는 수업이었습니다. 일본 나가사키형무소에서 4년간, 연길과 추리구 감방에서의 10년간 감옥살이를 하면서 음악 없이 어떻게 지내셨는지 궁금할 정도입니다. 아마 굶주림과 총상의 아픔으로 음악을 생각할 여유가 없었겠지요. 그래서인지 아버님은 장장 14년의 청춘을 빼앗긴 세월에 대한 보충 수업으로 음악에 더 열광하셨던 것 같습니다.

그중 선두에는 당연히 인류의 행진곡이라 지칭하신 베토벤의 9번 교향곡 〈합창〉이 있습니다. 그리고 〈가거라 삼팔선〉 〈이별의 부산정거장〉 〈강원도 아리랑〉 등 지금도 사랑받는 옛 노래들이 뒤를 잇습니다. 아, 또 있네요. 그와 전우들이 평생 잊지 못하는 〈황포군관학교 교가〉입니다.

아버님이 그리워지네요.

1부

태항산 기슭에
석류꽃 붉게 물들다

  아름답고 웅장한 태항산이 북경 서편에서 시작하여 남으로 뻗어나가다 끝나가는 그 준엄한 산기슭 사이에는 호가장이라는 큰 마을이 자리 잡고 있습니다. 이 마을이 품은, 아늑한 들이 훤이 내려다보이는 산마루에 오르면 태항산의 돌을 깎아 세운 기념비 세 개가 나란히 솟아 있는 것을 볼 수 있습니다.

  그중 가운데 높이 치솟은 기념비가 '호가장보위전항일열사기념비(胡家莊保衛戰抗日烈士記念碑)'이고 그 왼편의 펄럭이는 깃발 형태의 비석이 '김학철항일문학비', 그리고 오른편이 '김사량항일문학비'입니다. 이 기념비들은 사계절 찾아오는 국내외 인사들과 청소년들을 반기고 있습니다.

  호가장보위전항일열사기념비에는 한중 두 언어로 다음과 같은 글이 새겨져 있습니다.

| 김학철항일문학비(왼쪽)

    1941년 12월 12일 새벽 500여 명 일본군과 괴뢰군의 포위 공격에 맞서 싸우다 조선의용대 손일봉(孫一峰), 박철동(樸喆東), 한청도(韓淸道), 왕현순(王現淳) 네 전사와 팔로군 왕굉(王宏) 등 원시현 독립영 12 전사가 장렬하게 희생되었다. 그리고 조선의용대 김학철과 김세광(金世光)은 중상을 입었다. 세월은 덧없이 흘러갔지만 정의로운 기개는 영원하거니 태항산에 이 기념비를 세워 그들 영웅들의 영혼을 안위하도다.

    예전이나 지금이나 철이 되면 붉은 석류꽃이 태항산 기슭에 예쁘게 만발합니다. 당시 호가장에서 조선의용대원들이 머물렀던 집은 그대로 보존되어 현재 조선의용대기념관으로 탈바꿈해 손님들을 맞이합니다.

| 김학철항일문학비 제막식에서 중국 작가 철응(铁凝)과 김해양(2005년).

| 중국작가협회와 현지 당정(黨政) 지도자들이 주최한 김학철항일문학비 제막식. 호가장 촌민들이 경사로운 날을 반기고 있다.

| 호가장 전투에서 희생된 조선의용대 전사자 4명과 팔로군 전사자 12명을 기리며.

호가장 전투의 자세한 과정은 항일 전쟁 시기, 연안(延安)의 초등학교 교과서에 실려 있었습니다. 지금도 하북성 초등학교 교과서에 호가장 전투와 조선의용대에 관한 사적이 실려 있어, 그곳 청소년들은 대대손손 그들을 잊지 않고 있습니다.

우리 민족의 첫 정규화 항일 부대인 조선의용대는 주로 대일(對日) 작전의 최전선에 섰습니다. 태항산에서는 팔로군과 함께 일본군과 격전을 벌이기도 했습니다.

1941년 12월 12일, 조선의용대 전사들이 전날 흑수하에서 일본군과 격전을 벌이고 호가장에 돌아와 단잠을 자던 새벽. 푸르무레하게 밝아지는 마을에 갑자기 일본군이 포위 공격하는 총소리가 울려 퍼졌습니다. 마을에 숨어 있던 한 친일 앞잡이가 일본군에게 지금 조선의용대가 호가장에

현지 초등학교 교과서에 실린 조선의용대 사적. 조선의용대의 정신을 잊지 않으려는 노력이 엿보인다.

주둔하고 있는데 그 수가 많지 않으니 얼마든지 섬멸할 수 있다고 정보를 넘긴 탓입니다. 이리하여 전날 밤, 일본군과 괴뢰군 500여 명이 박격포 등으로 중무장하고 원씨현(元氏縣)에서 출발하여 호가장을 포위해 들어온 것이었습니다. 평소 조선의용대는 철야 보초를 섰는데 하필 그날 따라 보초병이 피곤하여 그만 잠이 들어버린 바람에 대응도 늦고 말았습니다.

갑작스러운 새벽녘의 요란한 총소리에 대원들은 깜짝 놀라 눈을 떴습니다. 희붐히 밝아오는 창밖으로 총탄이 돌벽에 우박이 내리치듯 퍼붓더니 적군이 공격을 시작하는 게 보였습니다. 전사들은 순서대로 머리맡에 놓아두었던 총이며 수류탄을 더듬어 쥐고 바깥으로 뛰쳐나갔습니다.

새벽안개가 자욱하여 누가 적군이고 아군인지 분별하기 힘들었습니다. 조선의용대원들이 팔로군 부대가 있는 건너편 마을 쪽으로 돌파하면

| 태항산 기슭의 호가장 마을. 뒤편으로 태항산의 웅장한 산세(山勢)가 보인다.

전투가 쉬워질 수 있었지만 그럴 경우 마을의 한복판을 통과해야 하기에 촌민들에게 피해를 입힐 게 뻔했습니다. 그래서 대원들은 북쪽의 산등성이로 탈출하기 시작했습니다.

그들 중 하나가 자욱한 안개를 뚫고 나아가다 일본군을 마주쳤습니다.
"어느 부대냐?"
일본군이 묻자 그는 능숙한 일본어로 답했습니다.
"의용대가 방금 아래쪽으로 도망쳐 내려가 추격해야 한다."
그 말을 듣고 아래쪽으로 한참 내려가던 일본군은 뒤늦게야 속은 걸 알고 방향을 돌려 다시 산등성이로 바짝 추격해 왔습니다. 그 모습에 조선의용대 전체가 적들과 맞서 싸우다가는 전부 희생될 수도 있어 6명의 전사만 남아 근거리 격전을 벌이며 전우들을 보호하기로 합니다. 여기에 남

| 중국 태항산의 학철령(學鐵嶺)을 찾은 한국 답사팀(2023년).

은 여섯 전사에는 김학철도 있었습니다.

이들은 부대가 안전히 탈출할 때까지 일본군과 치열하게 혈전을 벌였습니다. 손일봉(孫一峰), 박철동(朴喆東), 한청도(韓淸道), 왕현순(王現淳) 네 전사는 현장에서 총탄에 맞아 장렬히 전사했고 김세광(金世光)은 팔에 총상을 입고 가까스로 탈출했습니다.

김학철은 다리에 관통상을 입고 휘뚝 나가떨어지면서 바위에 머리를 부딪혀 순간 의식을 잃었습니다. 후에 들은 이야기지만 김학철은 당시 다리를 야구방망이로 된통 맞은 느낌이었다고 합니다. 그가 깨어나보니 자신이 일본군의 들것에 실려 가고 있었습니다. 들것에서 굴러떨어지듯 도망치자 일본군이 다시 잡아서는 이번엔 들것을 밧줄로 꽁꽁 묶어 옴짝달싹 못 하게 했습니다. 그렇게 김학철이 끌려간 곳은 일본군사령부였습니다.

| 김학철항일문학비를 찾은 중국 연변작가협회 작가들.

| 당시 호가장 마을에서 조선의용대원들이 사용했던 맷돌.

한편, 그 시각 이웃 마을에 주둔하고 있던 팔로군 부대 전사들은 총소리를 듣고 호가장으로 돌진하고 있었습니다. 그들은 조선의용대를 구하고자 지원사격을 하면서 일본군과 격전을 벌여 외각에서 포위망을 뚫고 들어왔습니다. 이 전투에서 팔로군의 중국자연과학원청년도사(中國自然科學院靑年導師) 왕굉(王宏)을 비롯한 젊은 전사 12명이 희생되었습니다.

당시 호가장 촌민들이 조선의용대원들을 아끼고 사랑한 이야기는 지금도 전해지고 있습니다.

일례로 유명한 일화가 있습니다. 조선의용대원들은 종종 촌민들 농가에 들러 묵었는데 집이 너무 좁아 마당에 멍석 같은 걸 깔고 자기도 했습니다. 그러면 촌민들은 한밤중 자신들의 이불을 가져다 대원들에게 덮어주었습니다. 당시 촌민들도 가난했던 터라 집집마다 이불이 겨우 한 채밖에 없었기 때문입니다. 대원들은 자다가 이불을 발견하면 또 슬그머니 일어나 이불을 촌민들에게 돌려다 주었습니다. 이렇게 한밤중 이불이 오가던 시간은 역사의 한 장면으로 남았지만, 대원들과 촌민들 사이에 오갔던 따스한 정은 오래도록 남아 있습니다.

호가장은 팔로군 지역과 일본군 점령구 사이의 경계에 있었습니다. 때로는 팔로군이 들어오고 때로는 일본군이 들이닥치는 일이 비일비재했습니다. 이러한 상황 때문에 촌민들은 외국인이 우리를 위해 일본군과 싸우러 여기까지 왔는데 우리가 아니면 누가 그들을 돌봐주겠느냐며 조선의용대원들을 친자식처럼 대했던 것입니다.

호가장 촌민들은 일본군과 근거리 격전 중 희생한 의용대 네 전사자의 시신도 직접 거두었습니다. 그대로 두면 일본군이 훼손할 게 분명했기 때문입니다. 10여 명의 호가장 촌민들은 네 전사의 시신을 약 40킬로미터 밖의 팔로군 후방지로 옮기기로 합니다. 그러나 지나가야 할 대로가 일본

조선의용대 네 전사자가 묻힌 태항산 언덕의 무덤. 김학철의 전우가 찾아가 절하고 있다.

조선의용대 전사자 시신을 목숨 걸고 옮겼던 호가장 촌민 호풍현(胡風賢)이 당시 대원들이 썼던 물품들을 설명하고 있다.

군이 호시탐탐 노리는 곳이어서 촌민들은 시신을 서로가 교대해 메고 산길을 타고 갔습니다. 간신히 팔로군의 후방인 찬황-황북평(贊皇-黃北平)에 도착한 촌민들은 네 전사들을 그곳에 안전하게 묻었습니다.

4명의 전사자는 호가장에서 희생되었지만 지금도 약 40킬로미터 떨어

| 조선의용군 전적지 옛터 및 호가장보위전기념관

진 찬황(贊黃)에 잠들어 있습니다. 고향이 아닌 이역 땅이지만 촌민들의 갸륵한 마음을 헤아려 편히 잠들기를 빕니다.

훗날 호가장을 찾았을 때, 네 전사자의 시신을 메고 약 40킬로미터 산길을 다녀오신 촌민 중 한 분을 만났습니다. 지금은 그분도 돌아가셨지만, 이때 만남은 너무나 감격스러워 잊히지 않습니다. 김학철의 아들이 왔다고 그렇게 기뻐해주셨던 얼굴이 아직도 선합니다.

조선의용대원들이 숙소처럼 사용했던 돌집은 원형 그대로 보존되어 조선의용대기념관으로 사용 중입니다. 정문 왼편에는 '조선의용군 전적지 옛터'와 '호가장보위전기념관'이라 적힌 두 간판이 상하로 걸려 있습니다.

호가장 전투가 있은 후, 전사한 조선의용대원들을 추모하는 추도식이

| 호가장 전투의 네 전사자와 일일이 작별 인사를 나누는 조선의용대.

있었습니다. 추도식에서는 김학철이 작사한 〈조선의용대 추도가〉를 불렀습니다. 이 추도가는 당시 의용대에서 널리 불리고 있었습니다.

그때로부터 수십 년의 세월이 흘러, 호가장에 있는 초등학교 어린이들이 〈조선의용대 추도가〉를 우리말로 불렀습니다. 김학철의 끈질긴 노력이 이뤄낸, 시간을 뛰어넘은 애도였습니다.

  사나운 비바람이 치는 길가에
  다 못 가고 쓰러진 너의 뜻을
  이어서 이룰 것을 맹세하노니
  진리의 그늘 밑에
  길이길이 잠들어라
  불멸의 영령

호가장 마을 어린이들이 〈조선의용대 추도가〉를 부르고 있는 모습. 작곡가는 항일 전쟁에서 희생된 김학철의 전우 류신이다.

'김사량항일문학비'의 주인공인 작가 김사량은 태항산 항일 근거지에서 종군작가로 전쟁에 참가했습니다. 그의 대표작 《노마만리》에는 호가장 전투가 상세히 기록되어 있습니다.

광복 이후, 김학철과 김사량은 평양에서 만나 벗으로 지냈습니다. 6.25 전쟁 때, 김사량은 김학철에게 6.25전쟁에 나가 취재할 수 있게 도와달라고 부탁했습니다. 그래서 김학철은 황포군관학교 동창생 사단장을 통해 취재를 허락받았습니다. 애석하게도, 김사량은 그렇게 한국전쟁에 종군작가로 떠났다가 영영 돌아오지 못하고 맙니다. 벗을 잃은 김학철은 두고 두고 이 일을 후회했다고 합니다.

2부

중국 석가장 일본헌병사령부에서
일본 나가사키 감옥으로

　일본군의 들것에 실려 강제 이송된 김학철이 의식을 회복하고 보니, 글쎄 자신이 일본군과 함께 황망히 퇴각하고 있었습니다. 후에 알게 된 일이지만 김학철은 왼쪽 대퇴골(넓적다리뼈)이 4분의 1가량 깎여 나가는 관통상을 입었던 것입니다.

　김학철은 들것에 묶인 채 일본군 군용 트럭에 실려 호가장에서 6킬로미터 떨어진 흑수하(黑水河)까지 퇴각하고 나서 원씨성(元氏城) 읍내에 있는 일본헌병분견소에 맡겨져 밤을 보내게 되었습니다. 다리의 상처는 욱신거리고 신열이 나는 데다가 목구멍까지 탈 것 같아(피가 난다고 물을 주지 않아) 그야말로 죽을 지경이었습니다.

　이튿날, 김학철은 또다시 들것째로 남행열차의 우편 전용칸에 실려 형태[1]에 도착해 성안으로 들어갔습니다. 거무튀튀한 거리와는 대조적으로

| 석가장 일본헌병사령부 옛터를 찾은 김해양.

산뜻하게 한복을 차려 입은 젊은 여자들이 눈에 띄어 김학철은 부상당한 포로답지 않게 무언가 서글프면서도 다정한 향수 같은 것을 느꼈습니다. 그 여자들이 보통 여염집[2] 규수들이 아님은 한눈에 알아볼 수 있었습니다. 역시 침략전쟁의 부산물이었습니다.

김학철은 어느 개인 병원의 빈 병실에 맡겨져 대기하게 되었습니다. 그러다 조선 동포 출신 병원장이 일본헌병의 감시하에 응급처치를 한 김학철의 다리 붕대를 풀어보고는 고개를 한 번 젓고 헌병에게 말했습니다.

"화농했습니다[3]. 서둘러 수술을 하지 않으면 돌이킬 수 없는 후과를 초

---

1) 邢臺: 중국 하북성(河北省) 남부에 있는 도시.
2) 일반 백성의 살림집.
3) 외상을 입은 피부나 각종 장기에 고름이 생기다.

| 당시 석가장 일본헌병사령부 건물. 김학철은 2층 오른쪽에서 끝 방에 갇혀 있었다.

래하게 됩니다."

그러나 김학철은 간단한 응급처치만 받고 방치되었습니다. 조선의용대가 일본군 부상병들에게 베푼 인도주의적 배려와는 너무나도 다른 처우였습니다. 그때 김학철은 자신이 장장 3년 2개월 동안 다리에 고름을 흘리며 옥살이를 하게 될 줄은 미처 몰랐습니다. 서너 일 후 김학철은 석가장(石家莊) 일본헌병사령부로 곧장 압송되었습니다.

석가장은 중국 중심부 철도와 도로의 남북과 동서 교차로에 있었기에, 항일 전쟁 시기 교통의 요충지이자 군사적 쟁탈 대상이었습니다. 그래서 석가장 정거장을 중심으로 그 일대를 일본군사령부와 일본헌병사령부, 일본영사관이 에둘러 차지하고 있었습니다. 한쪽 다리를 총탄에 맞고 목발 신세가 된 김학철이 일본군에 끌려온 곳이 바로 석가장 일본헌병사령부였습니다. 이 건물은 지금도 거의 완벽한 상태로 보존되어 있는데 하북성 성급문물보호단위로 지정돼 있습니다.

끌고 온 김학철이 유치장에 가둘 형편이 안 될 정도로 운신을 통 못 하자 일본군은 헌병대 공동 숙사의 맨 끝 방에 집어넣고 문도 잠그지 않았습니다.

삼시 세끼는 중국인 사환4)이 구내식당에서 헌병들의 식사와 똑같은 것을 1인분씩 날라주었습니다. 풍찬노숙을 일삼아온 항일군인 김학철에게는 이마저도 과분했던 터라 '이거 내가 먹을 복이 터지지 않았나' 하는 생각이 들었습니다. 팔로군의 급식과는 그야말로 천양지차였습니다.

그 외딴 방에서 김학철이 겪었던 가장 큰 고통은 공식적 취조 외에도 하나 더 있었습니다. 처치를 한답시고 찾아오는 위생병 녀석의 적의에 찬 행패였습니다.

"내가 왜 이따위 공비5) 녀석의 더러운 피고름을 닦아줘야 하지! 딴 놈들은 다 파상풍에 걸려서 잘들 뒈지는데 네 놈은 왜 그 흔한 파상풍도 안 걸리냐? 총살해줄 때를 기다리느냐? 더러운 빠루6) 같으니라구."

잔뜩 찡그린 얼굴에는 늘 불만이 뚜렷하게 그려져 있었습니다.

그러던 어느 날, 김학철을 담당한 야마모토(山本) 조장7)이 말쑥한 양복쟁이 하나를 데리고 나타났습니다. 김학철은 양복쟁이를 보는 순간 깜짝 놀라지 않을 수 없었습니다.

"아니, 이게 누구야. 류빈(劉斌)이 아닌가!"

---

4) 使喚: 잔심부름을 하는 사람.
5) 共匪: 공산당의 유격대. 중국에서, 국민 정부 시대에 공산당의 지도 아래 활동하던 게릴라를 비적(匪賊)이라고 욕하며 부르던 데서 유래.
6) 八路: 팔로군을 얕잡아 이르는 말.
7) 曹長: 일제강점기 일본군 하사관 계급의 하나.

류빈은 지난해 여름 한국광복군에서 넘어온 신참으로 문정일(文正一) 일행이 태항산으로 들어올 때 따라왔습니다.

"우리 특무 기관의 고원(雇員) 신용순(申容純) 군이다. 이번에 귀중한 첩보를 대량으로 수집해 왔기에 표창을 받았다. 그리고 거액의 상금을 탔다. 너희는 왜 이렇게 못 하느냐?"

야마모토가 자랑스레 소개하는데 김학철은 하도 어이가 없어서 류빈을 멍하니 쳐다보았습니다. 류빈이라는 녀석은 자곡지심(自曲之心)이 들었는지 김학철을 똑바로 보지 못하고 슬며시 눈길을 돌렸습니다.

일본헌병사령부에서 김학철은 강한 취조를 받았습니다. 그러나 총상 입은 다리는 제대로 된 치료를 전혀 받지 못했습니다. 당시 김학철 스스로도 파상풍에 걸리지 않은 것이 신기할 정도로, 왼쪽 다리 상처에서는 고름이 계속 흘러내렸고 무릎관절이 아예 굳어져 뻗정다리[8]가 되었습니다. 그러나 막대기를 짚고 걸을 수는 있었으므로 헌병대 유치장에 계속 수감되었습니다.

한창 무더위가 극성을 부릴 때 김학철은 석가장 일본총영사관 경찰서로 넘겨져 이듬해 4월까지 유치장살이를 해야 했습니다. 10개월이나 머리를 깎지 못한 김학철은 덥수룩한 데다가 얼굴까지 해쓱해졌습니다. 그래서 그를 접수하던 상등병이 여자 포로인지 긴가민가해서는 "이거 여자 아니야?" 하고 가슴을 한번 만져보기도 했습니다. 그러나 곧 멀쩡한 사내임을 알고서 "우선 1호 감방에 집어넣어!"라고 말했습니다.

이곳에서 김학철은 구라시게(倉茂)라는 도쿄의 한 택시 운전사를 만나게 되었습니다. 구라시게는 '북지에 오면 돈벌이가 된다'는 소문에 귀가

---

8) 구부렸다 폈다 하지 못하고 늘 벌어 있는 다리. 또는 그런 다리를 가진 사람.

솔깃해서 왔다가 어떤 사건에 연루돼 서너 달 동안 유치장 밥을 먹고 훈계방면[9]으로 풀려난, 30대 후반의 약골로 보이는 사내였습니다. 그는 허리병을 앓아 굼닐기[10]를 몹시 어려워했습니다.

감방 내 수감자들 사이에선 공산군 장교 출신인 김학철의 위신이 대단했습니다. 그래서 구라시게의 상황을 딱하게 여긴 김학철이 구라시게를 변기 청소 따위의 잡역에서 면제해주자 모두 이해해주었습니다. 김학철은 누이동생에게서 오는 일본어로 된 편지도 그와 함께 보았습니다. 구라시게가 석방된 바로 이튿날, 차입물[11]이 있다며 사법계 순사 하나가 김학철을 불러냈습니다. 구라시게가 생과자 한 상자를 들여보냈던 것입니다. 김학철은 놀라운 한편 눈물이 날 정도로 고마웠습니다.

그런데 어찌 알았겠습니까. 이 구라시게가 귀국 도중에 일부러 경성(서울)역에서 하차해 지선(支線)으로 갈아타고 경기도 지평(砥平)까지 김학철의 누이동생을 찾아갔을 줄이야! 김학철의 누이동생은 당시 지평국민학교의 교사였습니다. 구라시게가 자세한 소식을 알리기 전까지 집에서는 줄곧 김학철이 경찰이 알려준 대로 마약사범인 줄로만 알고 있었습니다(물론 이것은 다 김학철이 해방 후에 집으로 가서야 알게 된 일이지만).

구라시게를 보고 김학철의 어머니와 누이동생은 처음엔 생면부지의 일본경찰 끄나풀이 속마음을 떠보러 온 줄 알았습니다. 그래서 "우리 아들은 나쁜 사람입니다." "우리 오빠는 옳지 못해요." 하고 짐짓 괜한 말들을 곱씹었습니다. 그랬더니 구라시게가 나중에는 "듣기 싫다!" 하고 벌컥 성을 내었습니다. 그러고는 억울한 듯 이야기했습니다.

---

9) 訓戒放免: 일상생활에서 가벼운 죄를 범한 사람을 훈계하여 놓아줌.
10) 몸이 굽어졌다 일어섰다 하거나 몸을 굽혔다 일으켰다 하다.
11) 差入物: 교도소나 구치소에 갇힌 사람에게 들여보내는 물건.

"아니, 아드님은 훌륭한 사람이라고 그렇게 말씀을 드렸는데 왜들 이러시는 거죠?"

김학철은 만년에 구라시게를 늘 보고 싶어 했습니다.

"나의 참된 벗 구라시게가 아직까지 살아 있다면 이젠 아흔의 마루터기에 올라섰을 터이니 어찌 살아서 다시 만나 회포를 풀 수 있기를 바랄 수 있을까."

김학철이 일본헌병사령부와 같은 울타리 내의 일본영사관 구치소에 수감된 후의 어느 날이었습니다. 감방 바깥 철문이 철커덕 열리면서 헌병들이 새 포로를 끌고 들어왔는데, 그를 보고 김학철은 깜짝 놀라고 말았습니다. 조선의용대의 참된 전우 마덕산(馬德山)이었던 것입니다. 끌려 들어오던 마덕산 역시 한 감방문의 뙤창 속에서 김학철을 발견하고 반가움을 참지 못했습니다. 죽은 줄 알았던 전우가 버젓이 살아 있으니 얼마나 반가웠을까요.

반가움도 잠시, 마덕산은 곧 군관에게 이끌려 취조를 당했습니다.

"너희 조선 청년들 속에도 훌륭한 사람이 있다. 한데 왜 너는 우리 국민으로서 천황을 반대하는 군대에 참가했는가?"

그러나 어릴 때부터 학교에서 일본어를 배워 유창히 구사할 수 있었던 김학철과 달리 마덕산은 일본어를 알아듣긴 해도 표현하는 덴 서툴렀습니다. 마덕산과 소통하기 어려워지자 일본군관은 번역해줄 부하를 불렀습니다. 일본인 이름이 들리고 나서 문밖에 있던 군관이 안으로 들어섰습니다. 그런데 마덕산은 일본 군복을 입고 들어온 청년 군관을 보며 기절초풍했습니다. 조선의용대의 전우 류빈이었으니 놀라지 않을 수 없었습니다.

'이놈의 고발로 내가 잡힌 거구나!'

마덕산은 드디어 깨달은 것입니다.

마덕산이 일본군에 체포된 곳은 북경(베이징)이었습니다. 조선의용대는 대다수 조선 청년들로 구성되어 있었고 늘상 희생자가 생겼기 때문에 부지런히 새 대원을 모집해야 했습니다. 마덕산의 북경행은 조선 청년 모집을 위한 것이었습니다. 이러한 사실을 잘 알고 있던 류빈이 일본군에 밀고했고 그렇게 마덕산은 석가장 헌병대에 끌려와 김학철과 극적인 재회를 합니다.

일본군관으로 조선의용대에 잠입하여 마덕산을 고발한 류빈은 취조 과정에서도 마덕산을 배반합니다. 당시 일본 군법상 신병 모집은 끽해야 옥살이 몇 해면 끝나는 죄였지만 일본 군사시설을 정탐했다면 총살을 당하는 중죄였습니다. 류빈은 마덕산의 입장을 불리하게 통역하여 그를 군사 정탐꾼으로 몰아갔습니다. 류빈 입장에서는 자신이 일본군 군관이 되어 동료를 밀고한 사실을 알게 된 마덕산을 그냥 살려둘 수 없었던 것입니다.

'이놈이 나를 죽이려고 하는구나.'

취조 중 격분한 마덕산은 옆에 있는 재떨이를 들어 류빈의 머리를 쳤습니다. 류빈의 머리가 터져 피가 흐르고 취조는 중단되었습니다.

며칠 후의 어느 날 아침, 헌병들이 와서 감방 철문을 철커덕 열고 마덕산을 끌고 나갔습니다. 김학철이 뙤창으로 내다보는데 마덕산이 손에 꼬옥 쥐고 있던 종이쪽지를 김학철의 뙤창 안으로 슬쩍 던져 넣었습니다.

"학철아, 원수를 갚아다오. 다시는 볼 것 같지 못하구나."

이것이 마덕산이 남기고 간 마지막 말입니다. 마덕산이 두고 간 종이쪽지에는 그가 체포된 원인과 취조 과정이 적혀 있었습니다.

| 항일 투사 이육사와 마덕산이 함께 수감되었던 북경 일본영사관 구치소 건물.

당시 사형 집행은 체포된 현지에서 진행했습니다. 마덕산은 그 당시 북경으로 끌려가 북경의 일본영사관 구치소에 수감되었다가 결국 총살당했습니다. 그때 이곳에 수감된 전우로 유명한 항일 투사이며 시인인 이육사(李陸史, 1904~1944)가 있었습니다.

마덕산이 남기고 간 쪽지는 김학철의 눈물로 온통 젖었습니다. 소중한 전우를 잃은 슬픔과 원수를 갚겠다는 결의가 김학철의 가슴속에 깊이 새겨진 순간이었습니다.

그런데 40년 후에 막장 드라마를 방불케 하는 사건이 또 벌어졌습니다. 김학철이 서울을 방문했을 때 광복군과 의용군 출신 항일 노장(老將) 10여 명을 위한 김학철 환영 연회가 열렸습니다. 이들 중에는 중국에서 국방부장을 지낸 분도 있었습니다. 연회석에서 여러 사람이 얘기하고 있는데 뜻밖에 류빈에 대한 이야기가 튀어나왔습니다. 깜짝 놀란 김학철은 "방금 말한 그 류빈이라는 사람이 누구입니까?"라고 다그쳐 물었습니다.

"학철 동지, 의용대에 같이 있었겠는데 왜 류빈이를 모르시우?"

"아니, 그럼 그 류빈이 지금 어디 있소?"

세상은 너무나 불공평합니다. 천벌을 받아도 시원치 못할 류빈이 그 전해에 지병으로 죽었다는 것입니다. 류빈은 일본이 망할 무렵 일본으로 건너가 숨어 있다가 일본이 망하자 다시 서울로 기어들어 왔습니다. 뻔뻔스럽게 자신은 일본 감옥에 갇혔다가 풀려나왔다고 거짓말도 했습니다. 그렇게 항일 투사로 대접받으면서 호의호식을 누리며 잘살다가 김학철이 가기 전해에 병사했다는 것입니다. 이는 김학철을 너무나 슬프게 했습니다.

동지의 배반과 전우를 잃은 슬픔으로 힘겨운 와중에도 김학철은 일본 영사관 구치소에서 아무것도 못 하고 4월 초까지 기다릴 수밖에 없었습니다. 예심판사가 1년에 두 번, 봄과 가을에만 내려와 일을 처리했기 때문입니다. 당시 조선인 신분이었던 김학철은 포로로 취급되지 않고 '대일본제국'의 '국민'으로서 재판받았습니다. 일일삼추(一日三秋)의 간절함으로 그놈의 예심판사가 오기를 기다렸고, 마침내 마주한 예심판사는 김학철에게 '치안유지법 위반'이라는 죄명을 확정해주었습니다. 이제 남은 일은 일본으로 압송되어 나가사키 지방재판소에서 재판을 받는 것뿐이었습니다.

이후 김학철은 가네다(金田), 호데이야(布袋屋)라는 두 순사와 함께 북평(베이징)과 부산 간 직행열차와 관부(關釜) 연락선을 타고 압송되었습니다. 석가장 구치소에서 북경으로, 북경에서 부산으로, 부산에서 일본 나가사키 감옥으로 가는 3박 4일의 긴 여정이었습니다. 김학철이 항일에 투신하기 위해 서울에서 북경으로, 다시 상해로 갔던 그 길을 이번에는 총 맞은

| 김학철이 기차에 오른 북평전문(北平前門) 기차역(火車站) 당시 모습.

다리를 끌고 되돌아가는 셈이었습니다.

 당시 북평 정거장은 지금 천안문 광장 남쪽에 위치한 전문(前門, 첸먼) 정거장이었습니다. 현재는 북경철도박물관으로 쓰이고 있습니다.

 부상당한 다리를 끌면서 두 일본 헌병에게 압송되어 기차에 오르는 팔로군 군복 차림의 젊은 장교를 북평 시민들은 경의로운 눈빛으로 바라보았습니다. 그것이 김학철에게는 큰 힘이 되었습니다.

 가네다 순사는 후쿠오카(福岡) 사람이고 호데이야 순사는 후쿠시마(福島) 사람이었습니다. 김학철과 두 순사는 비록 안타까운 상황에서 적으로 만났지만 어느새 낯이 익어 농담을 주고받는 사이가 되었습니다. 천진(톈진)역에 기차가 도착하자 가네다 순사는 서둘러 뛰어가 김학철의 누이동생에게 몇 시에 경성역(서울역)을 통과하니까 면회를 오라는 전보를 쳐주었습니다.

　김학철은 기차 안에서 상처를 스스로 소독했습니다. 흐르는 고름을 닦아내지 않으면 더울 땐 하루만 걸러도 파리가 들끓었기 때문입니다. 그래서 김학철의 짐에는 소독용 알코올 한 병과 탈지면 한 봉지가 들어 있었습니다. 경찰서 유치장에 갇혀 있는 동안 경찰의(警察醫)인지 공의(公醫)인지 하는 자들이 600위안을 내면 수술을 받을 수 있다고 했지만 김학철은 600위안은 고사하고 단돈 6위안도 마련할 수 없었기에 그런 의논은 하나마나였습니다.

　7년 전 북으로 가려고 건넜던 압록강 철교를 다시 남으로 건너니 곧 고국땅이었습니다. 날이 샐 즈음에 눈을 뜨자 차창 밖 실안개 속에 수채화처럼 펼쳐지는 시골 풍경이 꿈속인 양 아련하게 떠올랐습니다.

　열차가 서울역에 거의 도착할 무렵, 김학철의 마음은 설레기 시작했습니다. 일곱 해를 보지 못한 어머니와 누이동생을 만날 수 있었기 때문입니다. 거의 한낮이 되어서야 열차는 경성역으로 서서히 미끄러지듯 들어갔습니다. 플랫폼에 서서 기다리고 있는 어머니는 무척 초라하게 여위어 있었습니다. 단발머리 초등학생이었던 누이동생은 트레머리[12]에 뾰족구두를 신은 어엿한 교사로 성장해 있었습니다. 모녀가 차에 오르자 원래라면 같이 자리에 있어야 할 가네다와 호데이야 순사는 얼른 일어나 자리를 내주곤 아예 다른 칸으로 가버렸습니다.

　누이동생이 어머니를 모시고 다가오는데 김학철은 자리에서 일어나지 못하고 옷으로 부상당한 다리를 슬그머니 가렸습니다. 어머니는 일어서지 못하는 아들을 보고 가슴이 아팠습니다. 부상당했다는 사실을 아시는

---

[12] 가르마를 타지 아니하고 뒤통수의 한복판에다 틀어 붙인 여자의 머리.

외아들을 항일 전장(戰場)에 보내고 외롭게 고생을 이겨내신 김학철의 어머니 김상련.

듯했습니다. 어머님이 수심에 잠긴 얼굴로 말했습니다.

"몸은 어떠냐?"

"……."

"다리의 상처가 좀 어떠냐?"

재차 묻는 어머님께 김학철은 그저 담담히 응수했습니다.

"염려 마세요, 괜찮다니까요. 이젠 거의 아물었는걸요."

판에 박힌 듯한 말로 대꾸할 수밖에 없었던 건 너무나 간절히 하고 싶었던 말들이 다 어디로 사라졌는지 도무지 떠오르질 않아서였습니다.

철길 위를 달리는 열차 속에서 이어진 면회가 한 시간쯤 흘렀을까. 어머니와 누이동생은 다음 역인 수원역에서 하차했습니다. 부산까지는 무리겠지만 대전까지는 같이 갈 줄 알았던 터라 김학철은 적잖이 놀랐습니다.

수원역에서 내린 어머니와 누이동생은 플랫폼에 서서 차창 안의 김학철을 상심한 눈빛으로 쳐다보았습니다. 누이동생은 처음으로 눈물을 흘렸습니다. 어머니는 망연자실한 듯 그저 멍하니 서 있기만 했습니다. 이 세상에 단 하나밖에 없는 아들이 총상을 입고 적국의 감옥으로 끌려가는 것을 보는 어머니의 가슴속에서는 어떤 감정이 오갔을까요? 한스러움(恨)일까요, 분함(憤)일까요?

열차가 줄기차게 달려 대구에 다다르니 차창으로 보이는 낙동강 물결 위에 저녁노을이 아련하게 비꼈습니다. 그제야 김학철은 가슴속이 얼얼해졌습니다. 7년 만에 이루어진 세 식구의 덧없는 만남과 헤어짐 때문이었습니다. '번개같이 만나서 우레같이 헤어지다'라는 표현은 바로 이를 두고 하는 말이 아닐까요.

광복 후 김학철은 어머니가 돈이 없어 수원까지밖에 차표를 사지 못했다는 말을 누이동생에게서 듣고 또 한번 아픈 가슴을 쥘 수밖에 없었습니다.

3부

자유와 독립의 길을 찾아 떠난 청년 김학철

김학철은 1916년 11월 4일 조선 함경남도 덕원군 현면 용동리(현재 원산시 용동)에서 누룩 제조업자인 아버지 홍두표(洪斗杓)와 어머니 김상련(金相蓮)의 아들로 태어났습니다. 김학철의 아래로는 성선(性善), 성자(性子) 두 누이동생이 있었습니다. 김학철이 일곱 살 때, 당시 서른넷이었던 아버지가 폐결핵으로 덜컥 작고하셨습니다. 그렇게 스물여덟에 혼자가 된 어머니는 삼 남매를 키우면서 갖은 고생을 하셨습니다.

김학철의 본명은 홍성걸(洪性杰)이었으나, 중앙육군군관학교(황포군관학교의 후신) 시절 조선 청년 학생 전원이 장개석(장제스) 교장의 명령에 따라 이름을 바꾸게 되면서 어머니의 성을 딴 지금의 이름이 되었습니다.

김학철은 어린 시절 산수(수학)가 골칫거리였습니다. 소학교(초등학교) 때 5점 만점에 늘 2점을 받아 어머님께 꾸지람을 듣곤 했습니다.

"너는 산수 과목에 오리 점수[13]를 좀 면할 수 없느냐?"

어머님이 늘 하시던 말씀이었습니다.

사실, 어린 김학철의 취미는 전혀 다른 곳에 있었습니다. 당시 고향 원산에는 훌륭한 도서관이 있었습니다. 김학철은 일본어로 된 세계문학 전집을 하루에 한 권씩 빌려 와 밤을 새우며 읽었습니다. 그 안에서 그는 세상을 만났고 문학을 알게 되었습니다. 김학철이라는 작가가 태어날 수 있었던 바탕은 아마도 이때 만들어진 것이 아닐까 싶습니다.

김학철이 책을 통해 작가로 변신하기 시작하던 이 시기, 원산에서는 세상에 널리 알려진 '원산 부두 노동자 대파업'이 일어났습니다. 어린 김학철은 이해할 수 없었지만 그가 살던 시절에는 역사의 한 페이지들이 새롭게 새겨지고 있었습니다.

파업 깨기꾼[14]들이 일본경찰대의 비호를 받고 사기가 버쩍 올라 부두 노동자들에게 최후의 일격을 가해 왔을 때였습니다. 안벽[15]에 선복[16]을 붙이고 파업 때문에 며칠 화물을 부리지도 싣지도 못하고 묶여 있던 '쓰루가마루(敦賀丸)'라는 화물선의 갑판 위에서 상황을 지켜보던 일본 선원들이 별안간 고함을 지르며 발을 굴러댔습니다.

"형제들 버텨라!"

"파업 만세!"

순간 이 외침이 신호라도 되는 듯 안벽 옆에 정박해 있던 다른 일본 배의 선원들도 응원을 보냈습니다. 일제히 우렁차게 뱃고동을 울려서 파업

---

13) 숫자 2를 가리킴, 5점 만점에 2점을 받았다는 뜻.
14) 돈 주고 고용한 파업 방해 깡패.
15) 岸壁: 항만이나 운하의 가에 배를 대기 좋게 쌓은 벽.
16) 船腹: 배의 중간 부분. 또는 배에서 짐을 싣는 부분.

노동자들의 기세를 올려주었습니다.

그 장면을 지켜보던 소년 김학철은 그만 오리무중에 빠졌습니다.

'일본인들은 우리의 원수가 아닌가? 어째서 일본 선원들이 우리 조선 노동자들 편에 서서 응원을 해주는 걸까?'

김학철이 이 수수께끼의 답, 즉 전 세계 프롤레타리아는 한집안이라는 도리를 깨달은 건 먼 훗날 중국의 항일 전쟁터에 나섰을 때였습니다. 이 세상은 나라 또는 민족으로만 갈라지는 것이 아니라 계급으로, 통치 계급과 피압박 인민으로 나뉜다는 것을 알게 된 것입니다. 어찌 됐든, 아무것도 모르던 어린 김학철에게도 원산 대파업에서의 일은 큰 충격이 아닐 수 없었습니다.

김학철은 한국 나이로 14세 때, 중학교를 서울에 있는 외갓집에서 다니게 되었습니다. 외갓집은 원래 수송동에 있었는데 나중에 관훈동으로 이사했고 결국 김학철이 여러 해 살았던 곳은 관훈동 69번지입니다. 놀랍게도 이 집은 1989년 김학철이 43년 만에 찾아갔을 때도 거의 원래 모습 그대로 멀쩡히 남아 있었습니다.

김학철은 당시 혜화동 막바지에 있는 보성고등보통학교에 입학했는데, 그야말로 땅 짚고 헤엄치기라는 말처럼 아주 쉽게 들어갔습니다. 이화여학교에 다니는 작은 이모(다섯 살 맏이)가 제 남자 친구를 통해 다리를 놓아 시험 성적과는 관계없이 입학할 수 있게끔 해놓았기 때문입니다. 이곳의 입학 경쟁률이 5~6대 1이었던지라 정당한 방법으로는 입학이 어림도 없는 일이었습니다.

관훈동으로 이사를 간 것은 김학철에게는 더없이 좋은 일이었습니다. 관훈동이 서울의 이름난 헌책방 거리였기 때문입니다. 지천에 깔린 헌책방에서는 20전을 주고 책 한 권을 사다가 다 읽고 도로 가져가면 그 책을

1989년 서울 관훈동 옛집(현재 인사동12길 옆)을 43년 만에 찾은 김학철 부부. 그때 오오무라 선생도 동행했다.

15전에 되팔 수 있었습니다. 거기에 다시 5전을 더 얹으면 20전짜리 다른 책 한 권을 또 살 수 있었습니다. 그러니까 5전에 책 한 권을 빌리는 거나 마찬가지였습니다. 안국동사거리에 있던 큰 규모의 서점 겸 문방구인 이문당(以文堂)에서는 새로 나온 잡지는 그냥 가서 읽으면 돈 한 푼 들지 않기도 했습니다.

김학철은 자기도 모르는 사이에 독서광이 되어갔습니다. 그가 읽은 책은 거의 다 일본어로 되어 있었기에 일본문학을 깊이 탐색할 수 있었습니다. 뿐만 아니라 유럽과 미국 등 여러 나라의 문학 작품도 다 이 시기 헌책방 거리를 누비며 접할 수 있었습니다.

독서에 거의 광적으로 빠져들다 보니 본디 시원치 않던 성적에는 더 큰 구멍이 났습니다. 당시에는 학기 말이나 학년 말 시험이 끝나는 대로 방

| 1930년대 서울에서 다니던 보성고교의 옛 건물 앞에서 김학철과 지인 홍기문 선생.

학을 해서 성적표는 며칠 뒤에 우편을 통해 집에서 받아 보았습니다. 김학철은 자신의 휘황찬란한 성적표를 어른들에게 죽어도 보여줄 수 없었으므로, 성적표가 배달될 무렵이면 안절부절못하고 대문 밖에 나와 서성거리면서 우편 배달부가 오나 안 오나 지키고 섰습니다. 그렇게 성적표를 손에 넣으면 그 즉시 알 수 없는 곳에 숨겨두고 영원한 비밀에 부치곤 했습니다.

김학철이 다녔던 보성고 출신의 또 다른 소설가 조정래 선생은 훗날 김학철과 우정을 나눈 문학 지기가 되었습니다. 보성고에서는 해마다 '자랑스러운 보성인'을 선정하는데 1998년 김학철이 여기 선정되어 초청받아 한국을 방문하게 되었습니다. 그때 조정래 작가를 처음 만나게 되었고 훗날 조정래 작가가 《아리랑》을 쓰기 위해 중국을 답사할 때 한 달 동안 동행하기도 했습니다.

　김학철은 어느 날 오후, 관훈동 근처의 고서점에 눌러앉아 책을 보다가 이상화(李相和)라는, 난생 처음 들어보는 시인의 시를 접했습니다. 부드럽고 잔잔한 가운데 서릿발이 번뜩이는 시에 김학철은 온정신을 빼앗겼습니다.

　지금은 남의 땅
　빼앗긴 들에도 봄은 오는가

　이 부르짖음에 피가 끓어오른 김학철은 빼앗긴 땅에서 살아야 하는 현실이 새삼스럽게 원통했습니다.
　'망국노, 망국노! 언제까지 이렇게 살아야 하는 건가.'
　이 하찮아 보이는 사건은 김학철의 인생 항로에 근본적인 전환점이 되었습니다.
　그 무렵, 김학철은 윤봉길 의사의 상해 홍구공원(虹口公園) 폭탄 투척 사건과 중국 광동 황포군관학교에서 조선 학생들이 공부하고 있다는 소식에 더욱 흥분하게 됩니다.
　'나라가 망했는데 나만 편안히 이러고 있어도 되는 건가?'
　어느덧 중국 상해는 청년 김학철의 마음에 뜨거운 동경의 대상이 되었습니다. 그는 조선 학생들도 당당하게 교육받고 있다는 황포군관학교에 당장 날아가지 못하는 게 한스러웠습니다. 문제는 어머니와 두 누이동생이었습니다.
　'집안에 사내라고는 나 하나뿐인데….'
　김학철은 자신이 눈에 보이지 않는 쇠사슬에 얽매여 있음을 의식하지 않을 수 없었습니다. 인생의 모진 장난 속에 힘겨워하던 때, 그는 우연히 노르웨이 극작가 입센(1828~1906)의 〈민중의 적〉을 읽게 되었습니다. 피날레에서 주인공 슈토크맨은 이렇게 갈파합니다.

이 세상에서 가장 강한 것은 혼자 따로 서는 사람이다!

이 한마디가 일으킨 충격파는 김학철을 강타했습니다.
'떠나는 거다!'
이때부터 김학철은 비밀리에 탐험 여행을 준비하는 탐험가처럼 지도첩에 매달렸습니다.
'배로 갈 건가, 기차로 갈 건가?'
어머니는 시골집을 판 돈에서 250원을 따로 떼어내 저금해두고 삼 남매의 학자금으로 쓰셨는데, 그 통장을 김학철이 가지고 있었습니다. 이 돈으로 여비는 마련할 수 있었으나 동생들 몫을 남겨놓아야 했습니다.
'한 100원이면 상해까지는 갈 수 있겠지.'
주먹구구식으로 어림을 잡고 100원만 출금한 김학철은 동생들이 찾기 쉽게 통장과 도장을 책상 서랍에 도로 두었습니다. 10년 후 광복을 맞은 서울에서 다시 만났을 때, 어머니는 새삼스레 탄식을 했습니다.
"그때 왜 돈을 다 갖고 가지 않았느냐, 먼 길을 떠나면서. 난 그게 두고 두고 마음에 걸리더라."
그러나 청년 김학철은 그저 '인간 세상 어디든지 청산 있으니(人間到處有靑山)'란 시구를 주문처럼 외우면서 무너져 내리기만 하는 마음을 스스로 달래며 버텼습니다.
가출을 결행하던 날, 김학철은 집에는 학교 유도부에서 합숙 훈련을 한

김학철이 학생복 차림으로 상해 기차역에 도착하는 장면. 《격정시대》 삽화는 모두 김학철의 친구인 화가 장홍을(張弘乙) 선생의 그림이다.

다고 거짓말하고 트렁크에다 유도복과 다른 옷가지를 버젓이 챙긴 뒤에 짐짓 휘파람을 불며 집을 나섰습니다. 하지만 속으로는 '내가 이거 미친 짓을 하나' 하는 생각을 떨쳐버릴 수 없었답니다.

경성역(지금의 서울역)을 나오는 길로 봉천(奉天, 지금의 선양)행 차표를 끊은 김학철은 비교적 조용한 2등 대합실에 들어가 한쪽 구석에 자리를 잡았습니다. 그러고는 미리 준비해 온 봉함엽서에 '어머님 전상서'를 썼습니다. 1935년, 그때 김학철의 나이는 열여덟이었습니다.

이 당시엔 이미 부산에서 북경으로 열차가 연결되어 있었습니다. 일본 헌병들은 조선 청년들의 탈출을 막기 위해 열차에서 자주 검문을 했습니다. 김학철은 야구복을 입고서는 북경으로 야구 시합에 나가는 일본 학생으로 가장했습니다. 아니나 다를까, 일본헌병이 다가와 어디로 가느냐며 캐물었는데 김학철은 유창한 일본어로 북경에 야구 시합을 하러 간다고 말했습니다. 그러니 일본헌병들이 칭찬까지 해대며 떠들썩했습니다.

그렇게 김학철은 무사히 북경에 도착했습니다. 역에서 먹을 걸 사는데 중국어를 몰라 손으로 물건을 가리키고 무조건 큰 돈을 내었습니다. 그렇게 거스름돈을 받다 보니 호주머니가 점점 무거워졌습니다.

김학철은 다시 북경에서 상해로 임시정부를 찾아 무작정 떠났습니다. 그런데 상해에서 '의열단'이 그를 기다리고 있을 줄이야 어찌 알았겠습니까. 김원봉이 이끄는 의열단은 중국에서 막강한 영향력을 가진 무정부주의 반일 테러 단체였습니다. 조선인들이 중국에서 반일 운동을 하는, 매우 중요한 세력이었지요.

4부

상해에서의 반일 테러 활동

　김학철은 상해 기차역을 빠져나와 역전 광장 앞에서 무작정 인력거를 잡아탔습니다. 인력거의 바퀴가 이 조선 청년을 데려다준 곳은 바로 '경성(京城)식당'이었습니다. 김학철은 오랜만에 고향집을 찾은 것만 같은 기분으로 발걸음도 가벼이 출입문을 열고 안으로 들어갔습니다. 식당 내부의 구조와 차림새는 서양식이었으나 주인이고 손님이고 다 조선 사람인 데다가 벽에 붙은 메뉴의 글자도 다 한글이었습니다.

　김학철이 정식(定食)을 주문해서 먹고 있는데 출입문이 열리며 웬 중년 여인이 들어왔습니다. 주인하고 친숙한 듯 몇 마디 인사말을 주고받더니 이내 김학철 쪽으로 눈길을 보냈습니다. 학생복 차림이 그녀의 눈에 띄었던 모양입니다.

　여인은 중국 여성 전통 의상인 치파오(旗袍) 위에다 진회색의 스프링 코트를 걸치고 커다란 핸드백을 들고 있었습니다. 화장을 거의 하지 않은 채 귀걸이, 목걸이 따위도 걸지 않아 나이는 30대 후반쯤 됐을까 싶었습니다. 이런 여인이 빈 테이블을 놔두고 바싹 다가와 앉는지라 김학철은 은근히 겁이 났습니다.

"학생, 조선서 오셨죠?"

"그렇습니다."

"혼자서요?"

"네."

"실례지만 무슨 일로 오셨나요?"

"학교를 좀 다녀볼까 해서요."

거짓말을 눈치챈 듯 김학철을 한번 훑어보고 나서 여인이 다시 물었습니다.

"지금 어느 여관에 드셨죠?"

"중국인 여관인데…. 예서 멀잖습니다."

"불편하시겠군요. 우리 집에 마침 방이 한 칸 비어 있는데…. 그리 가시잖겠어요."

그야말로 천운이 아닐 수 없었습니다.

이리하여 김학철은 상해에 도착한 지 24시간도 채 못 되어 실로 거짓말같이 수월하게 한 독립운동 단체와 접선하게 되었습니다. 그때 김학철은 그 여인의 정체를 알 터가 없었으므로 그저 친절한 동포 여성쯤으로 여기고 고맙게 생각했을 뿐입니다.

프랑스 조계 포시거리(街) '애인리(愛仁里) 42호'. 이곳은 김학철의 상해 첫 주거지이자 반일 지하조직의 아지트였습니다. 반세기 후 아버지 김학철과 함께 현지를 다시 찾았을 때 너무 놀란 것은 '애인리(愛仁里) 42호'란

| 상해 반일 테러 아지트 애인리 42호를 반세기 만에 찾은 김학철과 아들 김해양.

팻말이 그대로 버젓이 걸려 있었다는 겁니다.

애인리의 주택 단지에 김혜숙(金惠淑), 즉 김학철을 데리고 온 여인이 살고 있었습니다. 단지 규모는 그리 크지 않아 모두 60가구로, 똑같은 규격의 2층 구조에 각각 방 5개에, 주방이 하나씩 딸려 있었습니다.

김학철에게는 위층의 중간 방을 내주었는데 침대 하나, 책상 하나에 걸상 둘… 극히 간소한 방이었지만 그에게는 좀 과분한 감도 없지 않았습니다. 오른쪽은 여 주인의 방이고, 또 왼쪽은 송일엽(宋一吔)이라는 젊은 여성이 거처하는 방이어서 김학철은 살짝 조심스럽기까지 했습니다.

사람들은 김혜숙을 '미세스 정'이라 불렀습니다. 그녀의 남편 성이 정씨였기 때문입니다. 민족주의자에서 공산주의자로 전향했다는 그의 남편 정태희(鄭泰熙) 씨는 그때 서울 서대문형무소에서 '치안유지법 위반'으로

| 남경 화로강 민족혁명당 본거지 옛터.

6년 징역의 3년째를 살고 있었습니다. 한편 송일엽은 여 주인의 이종 누이동생인데 미혼이었습니다. 사람들은 그녀를 '미스 송'이라고 불렀습니다.

이렇게 김학철의 상해 반일 테러 인생이 시작되었습니다.

조선에서 상해로 흘러나오는 청년들은 김학철이 그랬듯이 거의 한 번씩은 홍구 경성식당에 들르게 마련이었습니다. 그들은 으레 김혜숙에게 걸려들어 조선혁명당 상해 특구를 통해 남경(난징) 명양거리 호가화원(湖家花园) 초대소로 보내졌습니다.

호가화원에서 몇 달 동안 확인 절차를 거친 후 합격된 사람은 화로강(花露岡)으로 보내졌고 합격을 못 한 사람은 노자(路資)를 주어 돌려보냈습니다.

| 남경 화로강 의열단 아지트에서 김학철 등 단원들이 사용했던 우물.

 김학철은 무슨 까닭인지 호가화원을 거치지 않고 계속 상해 특구에 소속돼 있다가 1년 뒤에 남경에 가서 정식으로 민족혁명당에 입당했습니다. 입당을 하고서도 상해 특구로 보내졌습니다. 당시 상해 특구의 조직부장은 류일평(柳一平)이고, 특구 총책임자는 최우강(崔友江)이었는데 본명은 최석순(崔錫淳)이었습니다.
 남경 본부에서 이따금 현지 지도를 내려오는 석정(石正) 윤세주(尹世冑)를 김학철이 처음 뵌 것은 프랑스 조계 마당로(馬當路) 아지트에서였습니다.
 석정(1901~1942)은 경상남도 밀양 태생인데 3.1운동이 일어나자 윤치형(尹致衡)과 함께 밀양의 반일 시위를 주도하다가 일제 경찰에 잡혔습니다. 1년 6개월의 궐석재판[17)]이 언도되자 석정은 중국으로 망명해 중국 길림성 류하현(柳河縣) 고산자(孤山子)에 있는 신흥무관학교에 입학해 군사훈련을 받았습니다. 1919년 11월 10일 석정은 약산 김원봉(金元鳳)과 함께 길림에서 의열단(義烈團)을 창단하고 중심 멤버로 활동했습니다.

1920년 봄, 석정은 사이토 마코토(齊藤實) 총독을 살해하려고 폭탄을 가지고 국내에 잠입했다가 체포되어 7년 형을 선고받고 징역을 살았습니다. 출옥 후엔 다시 김원봉과 만나 조선민족혁명당의 요원으로 활동했습니다. 1932년 석정은 조선혁명군사정치학교를 제1기로 졸업하고 학교에 교관으로 남았습니다. 1935년 4월경, 석정은 중앙군관학교 낙양 분교의 조선인 특별반 교관이 되었습니다.

이후 1938년에 김원봉과 함께 조선의용대를 출범시켰고 조선의용대 선전 사업을 주도하면서 《전고(戰鼓)》라는 간행물을 펴냈습니다. 무한(武漢, 우한)이 일본군에 의해 함락된 후 조선의용대 주력을 이끌고 화북으로 진출했습니다.

석정은 1942년 5월 태항산에서 일본군과 싸우다가 진광화 등 전우들과 함께 장렬히 희생되었습니다. 석정의 묘소는 중국 하북성 남부의 한단에 있는 진기로예열사능원(晉冀魯豫烈士陵园)에 가야 만날 수 있습니다.

그때 김학철이 상해에서 본 석정은 30대 후반의 장년으로 홀쭉한 얼굴, 호리호리한 몸매에 목소리가 잔잔해서 열혈남아로 보이지 않았습니다. 하지만 그는 조선민족혁명당의 주도적인 이론가였고 조선민족혁명당의 기관지 《앞길》의 주간이기도 했습니다. 김학철은 석정의 가르침과 지도를 받는 몇 해 동안 그가 역정 내는 걸 한 번도 보지 못했습니다. 석정은 언제나 순순히 타이르는 식으로 김학철을 비롯한 젊은 또래들을 수긍하

---

17) 闕席裁判: 피고인이 출정을 하지 않은 상태에서 피고인의 출석 없이 재판을 하는 것.

상해 대일 테러왕 리소민의 딸 리원경(李元慶, 평양). 그녀의 날카로운 눈빛에서 리소민의 모습이 역력하다. 2020년 장사에서 김해양과 다시 만난다.

게 만들었습니다.

어느 날 석정은 리소민(李蘇民, 일명 리경산李景山), 심성운(沈星云, 일명 심상휘沈相徽) 등 민족혁명당 요원들과 자리를 같이했습니다.

리소민은 본래 평북 강계군청의 서기였습니다. 그는 밤에 숙직을 서다가 자신이 맡아보는 금고에서 공금을 몽땅 털어가지고 압록강을 건너 상해 임시정부를 찾아왔다가 의열단에 포섭되어 뜨르르한[18] 테러리스트로 성장한 사람입니다. 일본이 투항한 후 상해 시민들은 리소민을 무개차(無蓋車)에 싣고 상해 번화가를 돌았는데 거리 양쪽에서 민중들이 열광적으

---

18) 어떤 일에 능통하여 전혀 막힘이 없다.

로 환영했습니다. 일제강점기 그는 상해 시민들의 사랑을 받는 대일 테러 왕이었고 일본군경에겐 극도로 두려운 대상이었습니다.

리소민과 김학철은 해방 후 평양에서 해후를, 그의 딸과 김해양은 평양에서 이별 후 반세기 만에 다시 중국 장사(長沙, 창사)에서 만나게 되는데 인간의 운명은 참으로 기적같이 신비롭기만 합니다.

그 외 심성운은 조선혁명당 상해 특구의 선전부장이었습니다.

으리으리한 직업적 혁명가들이 앉은 자리에 김학철이 잔심부름을 하면서 귀동냥으로 이야기를 듣고 있는데, 문득 석정이 김학철을 건너다보면서 넌지시 물었습니다.

"앞으로 나라가 독립을 하게 되면 그때 영친왕 이은은 어떻게 처리하겠습니까?"

"그야 물론 나라 임금인데 모셔다 섬겨야지요!"

김학철이 정색을 하고 이씨 왕조를 복벽[19]하겠다고 대답하는 바람에 좌중이 일제히 실소를 금치 못했습니다. 직업적 혁명가들의 면전에서 본 테스트에서 김학철은 완전히 백지임을 드러낸 셈이었습니다.

그 후 김학철은 중국의 중앙육군군관학교에서 김두봉 선생을 비롯한 교관들로부터 비밀리에 마르크스주의를 전수받고 사회주의자가 됩니다. 이로써 김학철은 마르크스주의 신앙을 지니고 진리와 민주주의를 위해 싸우면서 죽을 때까지 그 신념을 고수했습니다. 김학철의 세계관 변화는 훗날 그의 문학 창작에서도 아주 중요한 이정표가 됩니다.

김원봉이 이끄는 의열단은 중국 산해관내(山海關內) 지역의 막강한 지하 반일 혁명 조직이었습니다. 일본의 군정 요인과 민족 반역자들을 처단

---

19) 復辟: 물러났던 임금이 다시 왕위에 오름.

| 김원봉의 연설 기록물이 장개석 지령에 의해 제작된 조선의용대 기록영화에 선명히 남아 있다(중국당안관에 보관).

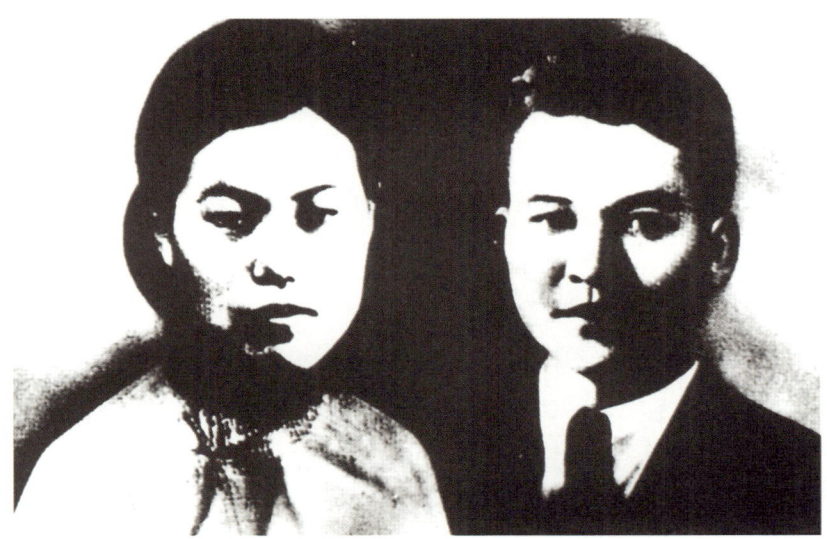

| 조선의용대 대장 김원봉과 부인 박차정(朴次貞) 여사.

4부 상해에서의 반일 테러 활동 • 077

| 1940년 10월, 조선의용대 창립 2주년 경축 대회에서 연설하는 김원봉 대장.

하고 그들로부터 군자금을 빼앗는 것이 의열단의 주요한 목적과 투쟁 방식입니다.

"상해에서 활동을 하려면 우선 중국어와 영어부터 배워야잖겠냐."는 김혜숙 여사의 의견을 좇아 김학철은 바라던 권총도 폭탄도 다 아닌 '말 공부'에 달라붙게 되었습니다.

중국어는 심성운에게 배우고 영어 회화는 김 여사에게 직접 배웠는데, 송일엽도 영어에 능통했으므로 기꺼이 자원봉사를 해주었습니다.

그러던 중 김학철은 조선민족혁명당 행동대에 편입됩니다. 조선민족혁명당은 사실상 의열단의 변신이나 다름없었으므로 공산주의 사상이 대량 밀려오기는 했어도 그 '의열 투쟁'의 전통은 거의 그대로 이어졌습니다.

당시 행동대의 대장은 테러왕 리경산의 의발(衣鉢)을 물려받은 로철룡(盧哲龙, 일명 최성장崔成章)이었습니다. 하루는 선종(善種) 거리에 숨어 사는 염모(廉某)라는 일본경찰의 첩자를 처단하는 작전을 펼쳤는데 김학철은 신참 햇병아리라 권총을 주지 않아 비무장으로 참여할 수밖에 없었습니다. 게다가 김학철이 받은 소임이란 고작 나팔을 부는 것이었습니다. 밤에는 조용해서 총소리가 요란하게 울린다고 시끌벅적한 대낮에 일을 벌였기 때문에 총소리를 덮기 위해 크게 나팔 소리를 내야 했던 것입니다.

로철룡은 대원 서각(徐覺)을 데리고 일본 첩자가 거처하는 2층으로 올라가고 또 다른 대원인 안창손(安昶孫)이 뒷문을 지켰습니다. 김학철은 현관문을 등지고 서서 죽어라 나팔만 불어댔습니다.

김학철이 목에 핏대를 세우고 나팔을 불어대고 있을 즈음, 현관문 위의 콘크리트 챙에서 별안간 쿵 하고 사내 한 놈이 뛰어내리더니 곧 걸음아 날 살려라 하고 달아나는 것이었습니다. 김학철은 무슨 영문인지 모르는 까닭에 그놈이 뺑소니치는 것을 곁눈질로 바라보면서 계속 열심히 나팔만 불어댔습니다. 그때 우악스러운 주먹 하나가 김학철의 등판을 콱 쥐어박았습니다.

"에끼 멍청이! 고만 불어. 듣기 싫다, 듣기 싫어."

놀라 돌아보니 로철룡이었습니다. 화가 잔뜩 난 그의 얼굴은 군데군데 불긋불긋하고 또 후줄근한 양복 앞자락에서는 김이 무럭무럭 피어오르고 있었습니다. 그의 등 뒤에는 시무룩한 얼굴을 한 서각이 따라섰는데 그 역시 풍년거지 쪽박 깨뜨린 형상[20]이었습니다.

나중에 알게 된 일이지만 로철룡과 서각이 들이닥치는 것을 보자 첩자

---

20) 서러운 가운데 다시 서러운 일이 겹친 상태.

는 잽싸게 상 위에 놓인 보온병을 집어 들어 앞장선 로철룡을 겨누고 냅다 던져서 뜨거운 물벼락을 콱 안겨준 것입니다. 그 바람에 로철룡이 주춤하자 그자는 열려 있는 창문으로 날쌔게 몸을 빼서 차양 위에 일단 뛰어내렸다가 다시 땅바닥에 내려 삼십육계 줄행랑을 놓았습니다. 하지만 김학철은 그자가 자기 옆을 스쳐 달아나는 줄은 모르고 시킨 대로 나팔만 죽어라 불었으니 그야말로 일대 '희극'이었습니다.

그 후 서각은 한 번 놓쳤던 염모라는 첩자를 끝내 찾아내어 아령으로 내리쳐 죽임으로써 임무를 완수했습니다. 밖에서 터뜨리기로 한 줄폭죽(총소리 위장용)에 누기가 차 터지지를 않자 황망한 가운데 창턱에 놓여 있던 그자의 아령을 집어 들었던 것입니다.

김학철의 상해 전우 중에 장진광(張振光)이라는 친구가 있었습니다. 미국 하와이 태생으로, 여남은 살 때 홀로 된 어머니를 따라 상해로 건너와 독립운동에 몸담았습니다. 장진광은 김학철의 황포군관학교 동기생이자 조선의용군의 동료였습니다.

훗날 장진광이 징역살이를 하고 나온 바로 그 일본 나가사키 감옥에서 김학철도 징역을 살게 될 줄 어찌 알았겠습니까. 해방 후 여러 해 만에 다시 만난 김학철과 장진광은 나가사키형무소 이야기로 꽃을 피웠습니다.

"네가 혹시 낙서라도 한 게 있나 해서 눈여겨 살펴보았지만 하나도 없더라니까."

김학철이 먼저 농을 걸었습니다. 그러자 장진광이 정색을 하고 물었습니다.

"몇 사(舍)에 있었기에?"

"5사."

"그러니까 없지. 난 1사였거든."

| 군사훈련을 하는 조선의용대 대원들.

아마도 심통 사나운 장진광이 남몰래 형무소 바람벽에 낙서를 많이 했던 모양입니다.

장진광과 이름이 비슷한 장중광(張重光)이라는 친구도 있었습니다. 그의 본명은 강병학(康炳學)입니다. 이 장중광이 북사천(北四川) 거리에 자리 잡고 있는 일본 신사에 폭탄을 투척했던 사건은 두고두고 화젯거리가 되었습니다.

그날은 신사에서 무슨 제(祭)를 올리는 때였던 터라 갖가지 등불이 달렸고 일본 사람들도 북적거렸습니다. 그런데 장중광이 일단 폭탄을 후려 던졌는데 황급한 나머지 깜박 잊고 안전핀을 뽑지 않았던 까닭에 포물선을 그리며 날아간 폭탄이 터지지 않은 채로 어느 녀석의 머리통을 내려친 모양이었습니다. 날벼락을 맞은 피해자가 날카로운 비명을 질러대는 바람에 의식(儀式)을 올리고 있던 신사 안팎은 삽시간에 난장판이 돼버렸습니다.

일이 어그러진 것을 깨달은 장중광은 날쌔게 전찻길을 가로질러 일본 육전대 청사 뒤로 내뺐는데 뒷문을 지키던 위병 녀석이 같잖게 대들었습니다.

"다레까(누구야)?!"

장중광은 제꺽 권총을 들이대고 호통을 쳤습니다.

"사와구나(시끄러워)!"

장중광은 그 길로 위병 녀석의 장총을 획 잡아챘습니다. 그러고는 갑북(閘北) 방향으로 줄달음을 치는데 이때 뒤에서 육전대의 사이드카들이 엔진을 울리며 뒤쫓아오기 시작했습니다.

장중광은 짐스러워진 장총을 길가 논판에 내던지고 줄행랑을 놓다가 건널목을 맞닥뜨렸습니다. 때마침 강만(江灣)에서 북정거장으로 향하는 화물열차 한 편이 칙칙폭폭 칙칙폭폭 그 건널목을 막 통과하려던 참이었습니다. 절체절명(絶體絶命)의 위기에 놓인 장중광은 "얍!" 기합을 지르며 칼 물고 뜀뛰기[21]를 했습니다.

기관차 앞머리에 발뒤축이 스치듯이 건너뛰니 그 긴 열차가 느릿느릿 등 뒤를 지나가며 고맙기 짝이 없는 바리케이드가 돼주었습니다. 그 통에 바싹 뒤따라온 육전대의 사이드카들은 닭 쫓던 개 꼴이 돼버렸습니다. 열차가 다 지나간 뒤에야 사이드카들이 또다시 뒤를 쫓아왔으나 그동안에 장중광은 어디 가서 숨어버렸는지 아무리 찾아도 보이지를 않아 결국은 헛다리만 짚고 말았습니다.

---

21) 몹시 위태로운 일을 모험적으로 행하는 경우.

이 무렵 김학철은 중국어를 배우면서 점차 로신(루쉰魯迅, 1881~1936)의 소설과 잡문을 접하게 되었습니다. 김학철과 마찬가지로 전우 리수산도 로신을 숭배했습니다.

리수산은 전라도 대지주의 아들이었습니다. 그는 아버지가 출타한 사이에 집에 쟁여 있는 숱한 곡식을 불의지재(不義之財)라며 소작농들에게 싹 나눠주었다가 아버지가 돌아와서 "이런 집안 망할 자식은 아주 없애 치우겠다." 하고 길길이 뛰는 바람에 도망을 쳐 상해로 건너온 괴짜였습니다.

1936년 여름의 어느 날, 김학철과 리수산 이 두 명의 조선 청년들은 상해 북사천 거리에 있는 로신 선생 댁을 방문하기로 했습니다. 당시 로신 선생은 진보적인 청년들이 숭앙하는 문학가였고 김학철과 리수산도 로신의 소설과 산문들을 두루 읽으며 그의 명성을 익히 알고 있었습니다.

땅 위에는 본래부터 길이 있는 것이 아니다. 사람이 많이 다니니까 길이 생긴 것이다.

로신의 명언은 두 젊은이에게 확고한 신념을 안겨주고 열화와 같은 용기를 북돋워주었습니다.

하지만 김학철과 리수산은 로신 선생 댁 문앞에 다다르자 어쩐지 문을 두드릴 용기가 나지 않았습니다. 둘 다 시 한 수, 수필 한 편 써본 적도 없는 주제에 감히 로신 선생과 마주 앉을 엄두가 나지 않았던 것입니다. 김학철과 리수산은 서로 얼굴을 마주 보고 어이없이 웃었습니다. 그리고 한동안 머뭇거리다가 슬그머니 '퇴각령'을 내렸습니다.

"로신 선생이 가끔 우치야마 서점엘 나오신다는데…."

| 상해 우치야마 서점.

"옳다. 그럼 우리 거길 가보자."

두 사람은 이렇게 의논을 하고 허허실실로 우치야마 서점을 찾아갔습니다.

둘이 책도 사지 않으면서 서가 앞에서 얼쩡얼쩡하는 것을 보고 서점 사람들은 경각성을 높여 서로 눈짓을 교환했습니다. 넌지시 감시하는 것이 책 도둑으로 잘못 안 모양이었습니다. 둘은 창피스러워서 거기서도 또 '퇴각령'을 놓았습니다.

상해 우치야마 서점, 김학철은 이 서점 문앞에서 로신을 기다렸습니다. 그때로부터 서너 달이 지난 10월 19일, 로신 선생이 서거했다는 부고(訃告)가 상해 각 신문에 게재되었습니다. 김학철과 리수산은 로신 선생을 못 만난 그날을 평생 후회하게 되었습니다.

조선의 두 젊은이는 로신 선생을 생전에 뵐 수는 없었지만 그분의 장례식에는 꼭 참가하고 싶었습니다. 그분의 영전에 조화(弔花) 한 송이라도 놓고 싶었습니다. 하지만 특구 책임자 류일평은 로신 선생 장례식에 참례하겠다는 두 젊은이의 요구를 단호히 거절했습니다.
　　"정신들이 있는가? 왜놈 특무, 경찰들이 우글우글하는 판에… 어디를 가겠다구? 딴소리 말구 그저 꾹 틀어박혀들 있으시오!"
　　그리하여 김학철과 리수산은 진정에서 우러나오는 간절한 염원이었던 마지막 결별마저 단념해야 했습니다.
　　김학철은 그때 로신 선생을 뵙지는 못했지만 평생 로신을 숭배했고 그의 인격과 문학을 본받으려고 했습니다. 김학철은 〈로신 선생〉이라는 수필에서 다음과 같이 밝혔습니다.

　　인민(백성)을 위해 소처럼 수걱수걱 일하는 반면 적들의 공격에는 날카롭게 맞선다는 것이 로신의 좌우명이었는데 그는 56세를 일기로 세상을 뜨기까지 시종일관 자기의 좌우명에 충실하였다. 그의 전투적인 일생은 그 좌우명을 실천궁행[22]하는 과정이었다.

　　당시 김학철이 몸담고 있던 민족혁명당의 본거지는 남경 화로강이었습니다. 김학철네 일행은 간난신고[23] 끝에 남경 화로강에 도착했습니다. 화로강이란 남경 중화문 안에 있는 언덕배기의 지명입니다.
　　여기에는 묘오률원(妙悟律院)이라는 큰 사찰이 있었습니다. 그 후원에

---

22) 實踐躬行: 실제로 몸소 이행함.
23) 艱難辛苦: 몹시 힘들고 어려우며 고생스러움.

누관[24] 한 동이 서 있고 이 누관 아래위층의 득실득실하는 젊은이들이 곧 열혈적인 조선민족혁명당의 청년 당원들이었습니다. 민족혁명당의 지도층 김두봉(金枓奉), 한빈(韓斌) 두 사람은 독신이었으므로 석정(윤세주)네 집에 얹혀살았습니다.

당시 지도층에 대한 호칭은 김두봉을 백연(白淵) 선생, 신익희(申翼熙)를 왕해공(王海公) 선생이라고 부르는 외에는 다 '동무'라고 불렀습니다. 김원봉은 약산 동무, 윤세주는 석정 동무, 최창익(崔昌益)은 이건우(李建宇) 동무, 한빈은 왕지연(王志延) 동무, 허정숙(許貞淑)은 정은주(鄭恩珠) 동무, 그리고 김원봉의 부인 박차정은 그저 차정 동무라 불렀습니다. 정주식(鄭周寔), 신악(申嶽)과 같은 이들도 다 '동무'였고 김홍일(金弘壹)은 왕웅(王雄) 동무, 박효삼(朴孝三)은 성을 빼버리고 그저 효삼 동무, 리춘암(李春岩, 일명 심해량沈海亮)도 성을 빼고 그저 춘암 동무라 했습니다.

때로는 정중히 '동지'라 쓰기도 했으나 극히 드문 일이었습니다. 김구 선생은 액내[25]가 아니었으나 이따금 뵙게 되었는데 대면해서는 다들 선생님이라고 불렀고 김규식 선생은 미주(美洲) 아저씨라고 불렀습니다.

김학철의 추억에 의하면, 김두봉은 순 학자 기질의 근엄한 분이고 김원봉은 의열단의 의백(義伯, 즉 단장)을 지낸 분이라서 굉장히 무섭게 생긴 줄 알았는데 막상 대해보니 시골 중학교 교장 선생님같이 부드러웠습니다. 그래서 김학철은 김원봉을 보고 나서 '혹시 이거 가짜 아냐?' 하고 의심을 품기도 했답니다.

시간이 갈수록 의열단의 암살, 파괴를 위주로 하는 폭력 투쟁은 한계를

---

24) 樓館: 사방을 바라볼 수 있도록 문과 벽이 없이 다락처럼 높이 지은 집.
25) 額內: 일정한 인원수의 안.

노출하기 시작했습니다. 이 폭력 투쟁은 엄청난 희생을 치르면서도 그것을 통해 얻는 대가는 너무 적었습니다.

 김원봉과 의열단 동지들은 오랜 숙론 끝에 기존의 노선을 청산하고 분산적이고 개인적인 투쟁에서 조직적인 투쟁으로 전환할 것과 그것을 위한 준비로 중국 내 군관학교에 입학하여 정치, 군사기술을 체계적으로 배우기로 결정했습니다. 이 결정에 따라 김원봉과 20여 명의 동지들은 1925년 가을 황포군관학교 제4기생으로 입학하게 됩니다.

5부

황포군관학교와 조선의용대

황포군관학교는 1924년 6월 중국 국민혁명의 지도자 손문(쑨원孫文, 즉 손중산)이 세운 군사학교로 정식 이름은 중국국민당육군군관학교이고 중국 광주(廣州, 광저우)의 황포에 있었습니다. 학교를 세우는 과정에 소련에서 고문을 파견하고 자금을 지원하고 무기를 제공했습니다. 삼민주의(三民主義)의 관철을 주된 목적으로 하고 군사와 정치 인재를 양성했습니다.

　장개석이 교장을, 료중개(廖仲愷)가 당대표를 맡았고 소련인 총고문을 두었습니다. 그 아래 정치, 교수, 훈련의 3부와 관리, 군수, 군의 등 3처를 두었습니다. 공산주의자인 주은래(周恩來)가 정치부 주임을 맡았습니다. 군사교육은 전술, 병기, 축성(築城), 지형, 교통통신 등의 과정으로 이루어졌습니다. 이 외에도 삼민주의와 마르크스주의 이론을 내부적인 정치교육 과목으로 정했습니다.

| 중국 광주 황포에 설립한 육군군관학교 정문.

| 항일 전쟁 시기 황포군관학교에서 사관생 대열을 검열하고 있는 교장 장개석.

김원봉과 의열단 동지들은 1년 동안 군사기술을 배움과 동시에 공산주의 사상에 접근할 수 있었습니다. 그들은 1926년 10월 황포군관학교를 졸업하고 중국혁명군에 배속되어 장교 신분으로 북벌전쟁(北伐戰爭)에 참가했습니다.

김원봉 등은 중국 국민정부와의 교섭에 성공하여 1937년 9월에는 조선 청년 50여 명을 중앙육군군관학교에 입학시켜 정규 훈련을 받게 했는데, 그들이 훈련받은 분교는 강서성 성자현(星子縣)에 있었습니다. 특별 훈련반의 대장은 황포군관학교를 졸업한 신악이었습니다.

김학철도 1937년 12월, 스물한 살의 나이에 중앙육군군관학교에 입학합니다. 이때 김학철은 개인적인 테러 활동에 한계를 느끼고 '이 길로는 더 갈 수 없다'고 깨달은 뒤였으므로 대중적인 무장투쟁에 새로운 의욕을 불태우고 있었습니다. 무정부주의 사조에서 바야흐로 탈피하고 있었던 것입니다.

이들 조선 청년들은 전쟁이 계속되자 강서성 성자현을 떠나 호북성 강릉으로 옮겨 가 군사훈련을 계속 받았고 1938년 5월에 졸업했습니다. 이 한패 청년들의 졸업과 때를 맞추어 민족혁명당의 제3차 전당대회를 개최했으며, 참석자들은 이들 졸업생들로 항일민족군대를 만들기로 결의했습니다.

졸업식을 거행한 이튿날 김학철 일행은 사시(沙市)에서 기선에 탑승하여 악양(岳陽)을 거쳐 무창(武昌)에 도착해 장지동(長之洞) 거리 대공중학교(大公中學校)에 여장을 풀었습니다. 김학철은 김원봉, 김두봉, 석정, 한빈 이 네 분의 지도자를 절대로 신뢰하고 또 존경했으므로 그들의 결정에 따른 것입니다.

이 무렵 김학철 일행 사이에는 마르크스-레닌주의를 학습하고 탐구하

황포군관학교 교장 장개석과 장학량(왼쪽).

황포군관학교 시절의 주은래. 그의 연설은 김학철 등 학원생들을 매료했다.

는 열정이 대단했습니다. 김학철도 왕정복고 따위를 다시는 꿈꾸지 않고 역사적 유물론과 변증법적 유물론으로 세계관을 형성해나가고 있었습니다.

1938년 10월 10일, 조선민족혁명당을 중심으로 조선청년전위동맹, 조선혁명자연맹(조선무정부주의자연맹), 조선민족해방동맹 등 반일 단체들과 제휴해 조선민족전선연맹을 결성하고 조선의용대를 건립한 것은 물정이 소연한[26] 한구(漢口, 한커우)에서였습니다.

물정이 소연해진 까닭인즉, 그 무렵 세계 반파쇼 진영에서 '동방의 마드리드'라고 불리던 무한이 일본군의 공습을 받았고 함락 전야에 놓여 있

---

26) 騷然하다: 떠들썩하게 야단법석이다.

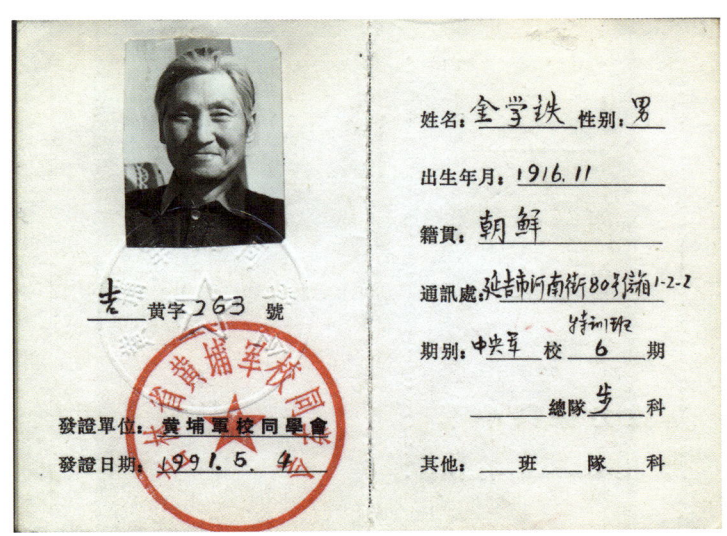

| 길림성황포군관학교동학회(吉林省黃埔軍校同學会)에서 발급한 김학철의 증명서.

었기 때문입니다. 중국 국민당이나 팔로군은 평화와 진보를 사랑하는 세계 여러 나라 사람들이 지원해주기를 바랐습니다. 그래서 노먼 베쑨(白求恩, 1890~1939)이나 파소화, 하템 등은 의사 자격으로, 에드가 스노우(斯諾, 1905~1972) 등은 언론인 자격으로 중국에 들어와 싸웠고 소련은 전투기와 폭격기 등을 지원했습니다. 그에 따라 조선의용대가 창설되고 이어서 대만의용대(台灣義勇隊)와 일본인민반전동맹(日本人民反戰同盟)이 창설되었습니다.

 당시 중국에서는 조선인 부대가 일본에 대항해서 함께 싸운다는 사실 자체를 아주 중요하게 생각했습니다. 또한 이 조선인 부대원들은 조, 중, 일 삼국 언어에 능통한 엘리트 젊은이들이기 때문에 중국인은 물론, 일본군에 대해서도 선전 역할을 훌륭하게 완수할 수 있는 역량을 가지고 있다

조선의용대 창립지는 바로 신해혁명의 발원지인 무창 대공중학 옛터이다.

는 점에 주목했습니다.

조선의용대는 당시 중국 국민정부가 정식으로 비준한[27] 국제 무장 부대입니다. 중국공산당 대표이며 국민정부 군사위원회 정치부 부부장인 주은래가 창립식에서 〈동방 피압박 약소 민족의 해방에 관하여〉라는 연설을 하고 정치부 제3청 청장인 곽말약(郭沫若)이 시를 지어 축하했습니다.

조선의용대 창립 소식은 당시 《신화일보》(중국공산당 기관지)에 실렸는데 지금도 무한팔로군판사처(武漢八路軍辦事處) 박물관에 소장되어 있고 북경의 중국항일전쟁박물관(中國抗日戰爭博物館)에도 조선의용대 창립 사진

---

27) 批准하다: 조약을 헌법상의 조약 체결권자가 최종적으로 확인·동의하다.

이 전시되어 있습니다.

조선의용대와 주은래가 함께 찍은 뉴스 영화는 며칠 후에 상영되었는데, 그때 곽말약은 중장(中將, 왕별 둘)의 계급장을 단 군복을 입고 있었습니다.

조선의용대 발대식에 참가한 인원은 모두 합하면 약 200명가량 되었으나 실제로 군복을 입고 조선의용대 깃발을 들고 나란히 선 사람들은 150명밖에 안 되었습니다.

조선의용대는 3개 지대로 구성되었습니다. 의용대의 총대장은 약산 김원봉, 제1지대 지대장은 박효삼(朴孝三), 제2 지대장은 이익성(李益星), 그리고 왕통(王通)과 김학무(金學武)가 각각 1, 2지대 정치위원으로 임명되었습니다. 1939년 조선민족전선연맹 총부는 사람을 모아 중경(重慶, 충칭)에서 조선의용대 제3지대를 구성했는데 지대장은 리유민(李有民)이었습니다.

의식 순서의 하나로 전체 대원들의 가슴에 배지(휘장) 하나씩을 달아주었는데 거기에는 '조선의용대'라는 한글 다섯 자와 'Korean Volunteer'라는 영문자 한 줄이 새겨져 있었습니다.

무한은 장강을 끼고 3진으로 나뉘어 있습니다. 항일 전쟁사에서 유명한 무한보위전은 조선의용대 창립과 동시에 시작되었습니다. 그러니 조선의용대는 창립 첫날부터 중국 항일 전쟁의 최전선에서 용맹하게 싸웠던 것입니다.

대세가 기울어져 무한에서 철수하지 않을 수 없게 되었을 때, 조선의용대 전사들은 적군에게 선물을 톡톡히 남겨주기로 했습니다. 이들은 김학무를 단장으로 하는 조선청년전시복무단을 결성해 중국공산당의 외곽단체인 중화민족해방선봉대와 함께 한구에서 반일 연극도 하고 연설도 하였으며 반일 표어를 쓰기도 했습니다.

무한이 함락되기 전 곽말약은 지프차를 타고 무한과 마지막 작별인사를 하면서 텅 빈 시내를 돌았습니다. 그런데 깜짝 놀라지 않을 수 없었습니다. 시내 한복판에 아직도 한 부대가 남아 길바닥과 건물 벽에 큰 붓으로 일본어 표어를 쓰고 있지 않겠습니까.

일본군 병사들이여, 당신들은 속아서 이 전쟁에 참가하였다.
군관을 처단하고 정의의 품으로 찾아가라.
부모 형제들이 기다린다. 그리운 조국으로 돌아가라!
일본 형제들이여, 무도한 상관에게 총부리를 돌려라!

이 같은 내용의 일본어 표어들을 페인트와 콜타르로 한구 시내 곳곳에 굵고도 큰 글씨로 뚜렷하게 써놓았습니다. 벽에도, 급수탑에도, 아스팔트 길에도 더덕더덕 써놓았습니다. 이 장면을 본 곽말약은 그의 유명한 《홍파곡(洪波曲)》에서 다음과 같이 찬사를 아끼지 않았습니다.

이는 마땅히 조선의용대 벗들에게 감사를 표해야 할 일이다.
그들은 철수하기 며칠 전에 동원되어 이 일을 책임졌다. 그들이 발 벗고 나서주었기에 한구(漢口, 한커우) 시내는 글자 그대로 '정신적 보탑'으로 변하였다.
내 이 말은 결코 허풍을 떠는 게 아니고 사실에 근거한 것이다.
후에 우리는 일본군 포로들의 진술을 통해 알게 되었다. 적들은 무한을 점령한 후 그 표어들 때문에 여간만 골머리를 앓지 않았다. 그들은 꼬박 사흘 동안 야단법석을 떨어서야 겨우 모든 표어를 지웠다고 한다. 하지만 거리에 써놓은 표어를 말끔히 지워버렸다고 머릿속에

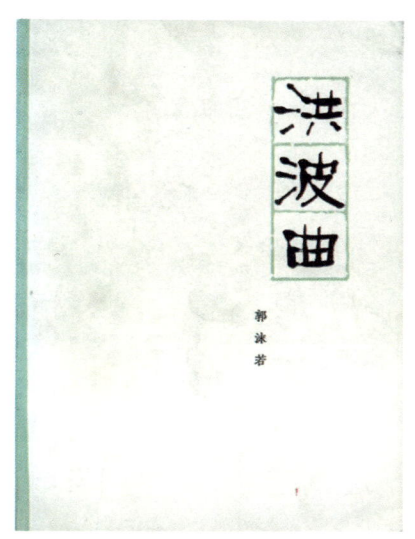

곽말약의 항일 전쟁 실기 《홍파곡》. 이 책에 무한보위전에서의 조선의용대 사적이 상세히 기록되어 있다.

새겨진 것까지 말끔히 지웠다고 말할 수는 없을 것이다.

내가 자동차로 거리 곳곳을 순회할 때 그들은 표어를 쓰는 데 열중해 여념이 없었다. 그들은 삼삼오오 조를 묶어 페인트 통, 콜타르 통을 들고 사다리를 메고 분초를 다투며 일에 몰두하고 있었다.

이는 나를 가장 감동시킨 장면이다. 한편 또 나를 가장 참담하게 만든 풍경이기도 하다. 그들은 모두 조선의용대 전우들이었다. 그중에는 단 한 명의 중국 사람도 끼어 있지 않았다는 것을 나는 잘 알고 있다.

중국에도 일본어를 잘하는 인재가 적지 않을 것이다. 일본 유학을 한 학생이 줄잡아도 몇 십만 명은 되겠지? 그런데도 무한이 함락될 운명에 처한 이 위험천만의 순간에 우리를 대신해 대일 표어를 쓰고 있는 전우는 오직 이 조선의 벗들뿐이었다!

김학철은 제1지대에 소속되어 제9전구(호남성, 湖南省)로 떠나게 되었고 제2지대는 제5전구(호북성, 湖北省)로 떠나게 되었는데 그중 일부는 제1전구(하남성, 河南省)까지 진출했습니다.

하루는 박효삼 지대장이 이웃 마을에 잠깐 자리 잡은 군사령부로 가는데 수행할 부관으로 김학철을, 그리고 경호원으로 주혁(朱革)을 지명했습니다.

김학철은 '부관'이었으므로 군사령부의 부관, 참모들과 스스럼없이 차도 마시고 한담도 했지만 주혁은 '경호원'이었으므로 앉지도 못하고 내내 문가에 서 있었습니다. 군단장과 한식경이나 밀담을 하고 나오는 박 지대장의 안색이 그리 밝지 못했습니다. 아마도 전시 상황이 점점 오그라들고 있는 것 같았습니다.

"그럼 이 친구를 두고 가겠습니다."

박 지대장이 군단장을 돌아보면서 김학철을 가리켰습니다.

군단장은 손님(박효삼)을 바래다주느라고 부관실까지 따라나왔는데 김학철을 한번 훑어보더니 곧 좋다고 고개를 끄덕였습니다. 그리고 한마디 덧붙였습니다.

"그럴 게 아니라 아예 우리에게 넘겨주시지."

그리고 다시 김학철을 보고 웃으면서 말했습니다.

"그럭하지?"

그렇게 김학철은 당분간 군사령부에 혼자 남아서 포로들을 신문(訊問)하는 일을 하게 되었습니다.

포로라야 모두 합해 1등병 2명뿐인데 그나마 시골내기라 순박하기 그지없고 다루기가 안쓰러울 지경이었습니다. 김학철이 일본말로 부드럽게 말을 건네자 마치 구세주라도 만난 것처럼 반가워했습니다.

곽말약이 《홍파곡》에서 탄식했던 것처럼 군사령부 같은 중요한 부서에도 일본 유학생 출신이 단 한 명도 없었던 것입니다. 전방은 위험했으므로 일본에서 공부깨나 한 녀석들은 다들 몸을 사렸던 것입니다.

조선의용대가 막부산 전선에서 퇴각해서 황화시(黃花市)라는 장거리까지 왔을 즈음, 멀리 바라보이는 장사(長沙)의 하늘은 온통 뭉게뭉게 피어오르는 연기로 뒤덮여 있었습니다. 남부여대(男負女戴)로 떼를 지어 몰려오는 피난민에게 "도대체 웬일들이오?" 하고 물었더니 이구동성으로 외치기를 "장사에 일본군이 쳐들어왔어요." 하고 걸음을 재우쳤습니다.

나중에 그 연유를 알고 조선의용대 대원들은 경악을 금치 못했습니다. 나폴레옹의 침략군을 기한(饑寒)의 지옥에 몰아넣으려고 러시아군의 총지휘관 쿠투조프가 모스크바를 불바다로 만들었던 초토화 작전, 그 작전을 장사에다 재현함으로써 군사 전략가로서의 명성을 전 세계에 한번 떨쳐보고자 했던 장개석의 야심적 계획이었던 것입니다.

하지만 사전의 각본대로 일본군이 발을 맞추지 않았습니다. 승승장구하던 일본군이 갑자기 진격을 멈추고 약 80킬로미터 밖에다 공공연히 진지를 구축한 뒤, 정찰기를 띄워 장사 상공을 유유히 선회하며 재미스레 불구경을 한 것입니다. 이래저래 죽어나는 건 백성들뿐이니 장사 시민들은 문자 그대로 도탄에 빠진 생령이 되었습니다.

조선의용대는 일단 형산(衡山)까지 후퇴했다가 다시 돌아와 완전히 잿더미가 된 장사를 복구하는 사업을 한동안 도왔습니다.

중앙군의 한 집단군 사령부 소재지인 평강에서 조선의용대는 대오를

김학철과 그의 전우들이 쓴 대일 구호가 아직도 그들이 체류했던 마을에 남아 있다.

다시 편성했는데 김학철은 처음으로 제1분대의 정치지도원이 되었습니다. 분대장은 염홍덕(廉鴻德) 중위였고 대원들로는 마덕산, 왕현순(王現淳), 김흠(金鑫) 등이 있었습니다. 여기에 훗날 석가장 일본 구치소에서 만난 마덕산이 등장합니다.

통성을 탈환하는 데 실패한 김학철 분대는 다시 정신을 차렸습니다. 그리고 적후 교란 작전에 투입되는, 한 독립 여단에 합류하여 적의 후방으로 깊이 들어갔습니다. 일본군이 점령했다는 것은 기껏해야 '점'과 '선'일 뿐 그 나머지 넓디넓은 농촌 지역은 여전히 팔로군의 세상이었습니다.

이러한 정황에서 조선의용대의 전단 배포만은 상당히 잘되어서 적잖이 용기를 북돋아주었습니다. '일본군 병사들에게 고함' 따위의 갖가지 전단들을 이정표, 다리 난간, 가로수 또는 굽이돌이의 암벽 같은 데다 더덕

더덕 부착해서 지나가는 일본군이 청맹과니[28]만 아니면 다들 보기 싫어도 보게 만들어놓았던 것입니다.

이때 조선의용대의 마르크스주의 이론 학습은 상당히 심도 있게 진행되어 김학철 같은 신참들까지 만만찮은 수준에 이르렀습니다. 비록 제2차 국공합작 시기라고는 하지만 국민당의 통치 구역에서는 좌익 서적이 금서 목록에 올라 있었으므로 당시의 진보적 출판사들인 생활서점, 신지서점(新知書店) 같은 데서는 다 마르크스를 칼로, 엥겔스를 프리드리히로, 레닌을 일리이치로, 그리고 스탈린을 이오시프로 바꾸어 책을 냈는데 눈 가리고 아웅 하는 수작이기는 했으나 그래도 상당한 효과를 본 것 또한 사실이었습니다.

이 시기 김학철은 비분의 눈물을 뿌리면서 마르크스의 《프랑스 내전》과 레닌의 《국가와 혁명》을 읽었는데 레닌의 《국가와 혁명》을 읽고서는 국가에 대한 묵은 관념이 와르르 무너지며 앞이 탁 트이는 것 같은 충격을 받았습니다.

이 무렵 북상(北上)의 열기는 계속 달아올라 마침내는 한바탕 충돌을 일으키게 되었습니다. 북상이란, 즉 황하를 북으로 건너 화북 태항산으로 진출하는 것입니다. 그 목적은 팔로군과 합류하여 적극적인 항일 전투에 투신함과 아울러 화북의 조선 청년들로 의용대를 확충하려는 데 있었습니다.

북상을 주장하는 파의 급선봉은 다름 아닌 김학철, 그리고 강남 전선을 계속 지켜야 한다는 파의 주장(主將)은 로철룡이었습니다. 여러 차례 의논을 했으나 끝내 합의를 보지 못하자 약 1개 분대의 인원은 분연히 계림으

---

28) 겉으로 보기에는 눈이 멀쩡하나 앞을 보지 못하는 눈, 또는 그런 사람.

| 조선의용대원들이 대적(對敵) 선전하는 현장 사진.

로 직행하여 대본부의 인허를 얻어 끝내 북상의 목적을 이루고야 말았습니다.

1년 후에 나머지 인원들도 거의 북상해 낙양에서 다시 합세하여 결국은 다 함께 태항산 근거지로 들어가게 되었으나 유독 반대파의 주장인 로철룡 한 사람만은 빠졌습니다. 로철룡은 나중에 단독으로 신사군(新四軍)에 입대해서 북상, 다시 조선의용군에 합친다는 우회로(迂廻路)를 걸었습니다. 일본이 무조건 항복을 한 뒤에 로철룡은 이홍광(李紅光) 지대, 즉 방호산(方虎山) 부대의 참모장이 되었습니다.

조선의용대 제2지대부는 노하구에 머무르면서 분대들을 전선으로 내보내는 활동을 계속했습니다. 김학철 일행도 도착하자마자 각 분대에 편입되어 전선으로 출발했습니다.

| 40년 후 서안에서 다시 만난 의용대 전우 서휘(오른쪽에서 두 번째), 홍순관(왼쪽에서 첫 번째).

　김학철은 처음으로 분대장에 임명이 되어 수현(隨縣, 수이셴) 전선으로 떠나는데 이 분대의 정치지도원은 홍순관(洪淳官, 일명 강진세姜振世)이었습니다. 40년 후, 이들은 서안(西安, 시안)에서 다시 만나는데 그는 김학철의 《항전별곡(抗戰別曲)》에 '작은 아씨(姜少奶奶)'로 등장하기도 합니다.

　일본군과 우리의 참호 사이는 불과 5백 미터쯤밖에 안 되었으므로 메가폰이 없어도 똑똑히 잘 들렸습니다. 대낮에는 참호에서 고개만 좀 내밀어도 맞은편 진지에서 호시탐탐 노리고 있던 저격수들의 좋은 표적이 되었습니다. 그 까닭에 조선의용대 대원들은 밤이 되기를 기다렸다가 적진의 턱밑까지 접근해 총검으로 땅을 파헤쳐 플래카드의 자루(대막대기)들을 하나하나 박아두었습니다.

　날이 어슴푸레 밝자 적진에서 불시에 총성이 크게 일어나는지라 놀라

5부 황포군관학교와 조선의용대 　●　105

서 뛰어나와 보니 적군이 밤에 세워놓은 방자스러운 플래카드를 우박 같은 총탄으로 응징하고 있었습니다. 그 플래카드에는 괘씸하기 짝이 없는 반전(反戰) 표어들이 빈틈없이 일본어로 선명하게 적혀 있었던 것입니다. 심지어 '횡포한 상관에게 총부리를 돌려대라' 따위의 대역무도(大逆無道)한 내용까지 들어 있었습니다. 조선의용대 대원들은 벌집처럼 구멍 난 플래카드를 이튿날 밤중에 회수해서 중국군 장병들에게 구경시킨 뒤에 보고서와 함께 노하구 지대부로 올려보냈습니다.

이 밖에 조선의용대 대원들은 또 거의 밤마다 '야간 대화'라는 것을 했는데 실은 '대화'가 아니라 일방적인 '연설'이었습니다. 왜냐하면 적군은 이 대화에 한 번도 응해준 적이 없었으니까요. 하긴 더러 못마땅해서 소리를 꽥 지르기는 했습니다.

야밤을 타 적진 150미터쯤까지 접근하면 우선 '징 소리' 대신에 수류탄 한 발을 터뜨려서 '개막'을 알렸습니다. 적막에 잠긴 끝없는 전야에 이 느닷없는 폭발음이 번지면 놀라 깨지 않는 놈이 없었습니다. 그런 다음 서막으로 일본인 포로 요시코(井村芳子, 21세)가 고운 목소리로 〈황성의 달〉 따위의 일본 노래를 부릅니다. 적군의 살벌한 마음을 녹이기 위한 수단입니다. 연후에 반전을 종용하는 연설, 즉 정치적 선동을 했습니다. 이것을 '함화[29] 공작'이라고도 합니다. 물론 이것이 주목적입니다. 다 끝나면 '에필로그'로 밤하늘에 대고 총 몇 방을 쏘는데 '안녕히 주무세요'를 하는 셈입니다.

이 무렵 장관 사령부에서는 《진중일보(陣中日報)》가 발간되었고 조선의용대 제2지대에서는 《조선의용대통신》 한수판(漢水版)이 발간됐는데 이

---

29) 喊話: 가까이 맞선 적군을 향하여 큰 소리로 하는 정치적·군사적 선동.

것은 비정기 간행물이었습니다. 김학철도 이 한수판을 맡아서 편집했습니다.

조선의용대 제2지대에 중국공산당 지하조직이 생긴 것은 1939년의 늦가을이었습니다. 당지부 서기는 호철명(胡哲明), 역시 김학철의 황포중앙군관학교 동기생이었습니다.

호철명은 일찍이 신사군의 리선념(李先念) 부대에 입대해 중대장으로 복무했습니다. 그는 여러 차례 전투에서 비길 데 없는 용감성을 발휘해 부대장의 표창까지 받았던 까닭에 당연지사로 공산당에 흡수되어 김학철의 동기생 가운데서 제일 먼저 중국공산당 당원이 되었습니다.

당시는 제2차 국공합작 시기였지만 합작은 상부에서만 이루어지고 하부에서는 잘 이루어지지 않았습니다. 그 까닭에 국민당 통치 구역에서는 공산당원이라는 신분이 일단 드러나기만 하면 으레 재판을 거치지 않고 소리 소문 없이 육체적으로 소멸되기 마련이어서 공산당의 활동은 항시 극비밀리에 진행될 수밖에 없었습니다.

김학철은 망국 30년인 1940년 8월 29일, 중국공산당에 가입했습니다.

1940년 늦가을부터 여러 전선에 널려 있던 조선의용대 각 지대와 분대들이 계속해서 낙양으로 집결하기 시작했습니다. 태항산 항일 근거지로 들어가 팔로군과 합류하기 위해서입니다. 그러나 국민당 정부가 낌새를 차리면 안 되기에 '화북 지역에 산재해 있는 조선 동포들을 편입하기 위한 행동'이라는 것을 주로 내세워야 했습니다.

북상하는 선견 부대는 정치위원 김학무가 인도했는데 대원들로는 김학철, 윤공흠(尹公欽, 일명 이철), 조명숙(趙明淑), 김승곤(金胜坤, 일명 황민), 임평(林平) 등 모두 15명이었습니다.

이 중 황민과는 광복 후 서울에서 다시 만납니다. 그런데 이 황민이 도

| 서울 파고다공원 동문 옆 찻집에서 의용대 옛 전우 황민과 만나다.

강 전야에 사라져 김학철 등 3명이 추격하여 사살하려다가 실패한 적이 있었습니다. 북상 행동이 탄로 나면 모두가 위험해지기 때문에 어쩔 수 없는 일이었습니다. 그러나 사실 황민은 팔로군의 간고한 생활이 싫어 중경(충칭) 광복군을 찾아간 것이지 국민당 부대에 신고할 위험은 전혀 없었습니다. 그때 잡혔으면 훗날 서울에서의 재회도 불가능했을 것입니다.

김학철 일행 선견대가 황하를 건너가는 도강증과 통행증은 황포군관학교 시절 '전쟁할 때'라는 별명으로 유명했던 문정일(文正一)이 마련했습니다. 훈련할 때는 꾀만 부렸지만 그의 임기응변이 조선의용대가 태항산으로 비밀리에 들어가는 데 크게 효과를 낸 것입니다.

선견 부대는 황하 이북에 주둔하고 있는 방병훈(龐炳勳)의 군대의 한 대 대장이 인솔하는 보병 중대와 동행하기로 했습니다. 중도에 황협군(皇協

軍, 즉 괴뢰군)이 길목을 지키는 봉쇄선을 넘어야 했기 때문입니다.

이틀 동안 행군하고 사흘 만에 봉쇄선 가까이까지 가서 설영30)을 한 뒤 황협군 끄나풀 노릇을 하는 녀석과 미리 길세(통행 요금)를 흥정했습니다. 3천 원을 부르는 것을 달래고 으르고 해서 2천 원으로 깎아 내렸더니 일이 틀어졌습니다. 길을 막 건너려는 고비에 황협군 녀석들이 손바닥 뒤집듯 딴소리를 한 것입니다. 골고루 나누어 먹자면 아무래도 3천 원이 필요하니 천 원을 더 얹으라는 것이었습니다.

화가 치민 대대장 호소좌(胡少佐)가 분연히 말했습니다.

"쟝즈단(裝子彈, 장탄해)! 샹츠다오(上刺刀, 검을 총 끝에 꽂아!)"

호소좌가 연속 구령을 내리니 어둠 속에서 한 개 중대가 순식간에 살기등등해서 전투태세를 갖추었습니다. 홧김에 아예 밀어붙일 작정을 했던 것입니다. 피차간에 되도록이면 희생자를 내지 말자는 흥정이었는데 못된 녀석들이 막다른 골에서 등을 쳐 먹으려 드니 일이 어찌 꼬이지 않겠습니까. 김학철은 이날《삼국연의》와《수호전》으로 갈고닦은, 황제 자손들의 얼렁뚱땅 넘기는 재주에 새삼스레 탄복하지 않을 수 없었습니다.

괴뢰군 중대장쯤 돼 보이는 녀석이 크게 선심이라도 쓰듯이 말했습니다.

"다 같은 중국 사람끼리 집안싸움을 하겠소. 자자, 어서 그냥들 건너가시오."

무른 땅으로 착각하고 박으려던 말뚝이 너럭바위에 부닥친 것을 깨달았던 것입니다.

김학철네 부대가 다 건너온 뒤에야 황협군은 어두운 밤하늘에 대고 헛

---

30) 設營: 야외에 천막을 설치함.

총질을 한바탕 해댔습니다. 적군을 격퇴했다고 상전(일본군)에게 보고할 근거를 만들자는 수작이었습니다.

조선의용대는 태항산에 인접한 행정구역 림현(林縣)의 한 마을에서 다른 길로 돌아온 제1지대와 합류해 탈출할 기회를 노리며 한 달 조금 넘게 묵새겼습니다[31].

방병훈의 군대가 조선의용대를 우군 부대라고 날마다 꼭꼭 연락병을 띄워서 당일 밤의 군호(통행 암호)를 전해주었습니다. 덕분에 어슬녘에 행동을 개시한 김학철 일행은 어둠을 타 방어선을 모두 무사히 통과하고 새벽녘에는 벌써 팔로군 관할 지역에 들어섰습니다.

---

31) 별로 하는 일 없이 한곳에서 오래 묵으며 날을 보내다.

6부

태항산 팔로군사령부와 팽덕회

　분계선까지 영접을 나온 초록 군복의 팔로군 1개 중대와 뜨거운 악수와 포옹을 나눈 김학철 일행은 다 같이 흥분된 기분으로 여단 사령부를 향해 행군했습니다.

　129사단(사단장 류백승劉伯承, 정치위원 등소평鄧小平), 385여단(여단장 진석련陳錫聯, 정치위원 사부치謝富治) 사령부에서 김학철 일행은 축제 같은 분위기에 휩싸여 하룻밤을 지냈습니다. 다들 프롤레타리아 국제주의의 다함없는 우정에 도취했습니다. 진석련 여단장이 환영사에서 김학철 일행을 국제 전우라고 추켜올리는 바람에 김학철은 등덜미가 약간 간지러웠습니다.

　조선의용대를 환영한다고 노천 무대에서 연극을 상연하는데 여주인공이 한복을 곱게 차려입고 등장하는지라 김학철 일행은 한편 놀랍고 한편

항일 전쟁 시기 팽덕회, 주덕, 좌권, 등소평(왼쪽에서 순서대로). 좌권은 조선의용대 석정과 한 전투에서 희생되었으며 같은 묘소에 묻혔다.

즐거웠습니다. 나중에 알고 보니 그것은 여단 정치부의 유일한 조선 친구 채국번(蔡國蕃)의 깜짝쇼였습니다.

  당시 팔로군의 총사령부는 태항산 중의 동욕(桐峪)에 있었는데 사방팔방이 일본군에게 포위된 상태였으므로 흔히들 '적후(敵後) 사령부'라 불렀습니다. 동욕 거리 광장에서 '조선 동지 환영 대회'가 열린 것은 김학철 일행이 동욕에서 네댓 마장[32] 떨어진 상무촌(上武村)에다 여장들을 풀고 정돈을 한 다음다음 날이었습니다. 김학철 일행은 말로만 들어오던 팽덕회(彭德懷), 좌권(左權), 라서경(羅瑞卿) 등을 이날 처음 봤는데 당시 주덕(朱德) 장군은 연안에 있었으므로 팽덕회 장군이 사실상 총사령관인 셈이었습

---

32) 5리나 10리가 못 되는 거리. '리(里)' 대신 쓴다.

니다. 좌권은 참모장, 라서경은 정치부 주임이었습니다. 대회에는 또 일본인, 몽골인, 필리핀인도 참가했던 터라 국제적 색채가 자못 짙었습니다.

"중중첩첩 장애를 넘어 태항산으로 오신 여러분을 나는 18집단군 70만 장병을 대표하여 뜨겁게 환영합니다. 우리 무기고의 문은 여러분 앞에 활짝 열려 있습니다. 맘대로 고르고 맘대로 가져가십시오."

팽덕회 장군의 환영사는 수식이라는 게 하나도 없는, 심장과 심장이 직접 맞닿는 혁명적 우정, 혁명적 의리 바로 그것이었습니다.

환영 대회가 끝나자 조선의용대 전사들은 무기고로 가서 신입 대원들에게 나누어줄 총을 골랐습니다. 무기고 바로 옆은 문틀만 있고 문짝이 없는 군량 창고였는데 안에는 가공하지 않은 옥수수가 산더미처럼 쌓여 있었습니다. 그런데 놀랍게도 그 황금색 옥수수 산에 널빤지를 건너질러 칸막이를 쳐놓고 한쪽에다는 '군량(軍糧)', 또 한쪽에다는 '마료(馬料)'라고 문구를 버젓이 붙여둔 것이었습니다.

'그러니까 말하고 사람하고 다 같은 걸 먹는단 얘기가 되는 게 아냐?'

조선의용대 전사들은 제각기 두세 자루씩의 총을 엇메고 그 앞에 서서 서로 돌아보며 어이없는 웃음을 터뜨렸습니다.

오후에 팽덕회 장군이 조선의용대 전사들을 환영하는 연회를 베풀었는데 이 또한 걸작이었습니다. 네 사람 앞에 돼지고기 반찬 한 양푼씩과 강조밥을 주었고 술은 당연히 없었습니다. 김학철 일행을 정말 놀라게 한 것은 그 연회인지 회식인지에 사용하는 그릇붙이를, 그러니까 밥공기와 젓가락을 상하급을 막론하고 각자 지참해야 했던 것입니다.

저녁 무렵에 김학철은 친구 서넛과 함께 시냇가를 거닐면서 바람을 쏘이다가 로신예술학교의 몇몇 학생과 마주치게 되었습니다. 로신예술학교는 조선의용대 영소에서 100여 미터 떨어진 곳에 자리 잡고 있었습니다.

| 연안에서의 주덕과 팽덕회.

김학철 일행은 짓궂게 당시 널리 불리던 선성해(洗星海, 1905~1945)의 가곡 중 한 대목을 골라서 짐짓 먼 산을 바라보며 불렀습니다.

"안해(아내)는 랑군(낭군)을 전선으로 떠나보내네(妻子送郎上戰場)…."

그런데 그 무쇠 심장의 여학생들이 조금도 수줍어하는 티가 없이 서로 눈짓을 하더니만 아주 당당하게 같은 노래의 다른 구절을 마주 부르는 것이었습니다.

"어머니는 아들더러 일본군을 물리치라 하시네(母亲叫儿打東洋)…."

조선의용대 전사들은 철없이 농을 걸었다가 그만 여학생들의 '아들'로 격하되고 말았습니다. 누군가 "제기랄!" 하고 뇌까렸고 모두들 더는 노래를 부르지 못했습니다.

이 무렵 히틀러의 진격 작전으로 소련군의 방어선이 하나둘 무너지자 조선의용대의 사기에도 은연중 영향을 미쳤습니다. 그리하여 팽덕회 장군이 대원들의 영소에 와서 정세에 대한 강연을 했습니다. 김학철은 단번에 팽덕회 장군에게 깊이 매료되고 말았습니다.

무엇보다 놀란 것은 너무나 단출한 그 행차였습니다. 기마 장군의 뒤에는 딸랑 호위병 한 명뿐이었습니다. 적어도 기병 1개 소대쯤 거느리고 나타날 줄 알았던 조선의용대원 모두 허탈감 같은 것을 느꼈습니다. 그들이 있는 곳은 사면팔방 일본군에게 둘러싸인 준전장(准戰場)이었기 때문입니다.

팽 장군은 말에서 내리자마자 호위병에게 고삐를 맡기고 예사롭게 혼자서 영소의 문안으로 걸어 들어왔는데 그 외양이 수수하기가 이를 데 없는, 군복을 얻어 입은 농민상이었습니다.

조선의용대원들은 팽 장군을 우스갯말도 통 할 줄 모르는 엄격한 장군으로 상상했는데 뜻밖에도 그는 첫 시작부터 얼굴에 웃음을 가득 머금고 장난기 어린 어투로 말문을 열었습니다.

"이제 막 오다가 길에서 우리 전사 둘을 만났는데 내가 누군지 뻔히 알면서도 경례도 안 하고 그저 송아지 제 형 보고 웃듯이 히죽 웃기만 하는 거예요. 호크[33]도 채우지 않아서 헤벌쭉한 데다가 걸음새도 전연 씩씩하지가 못하잖고 뭡니까? 지금 우리 팔로군은 규율이 너무 물러서 야단입니다. 적군에 비하면 퍽 못하지요. 적군의 규율은 엄격하기가 뭐 여간만 아니잖아요…."

김학철은 슬그머니 자신의 호크를 더듬어보았습니다.

'제대로 채워졌나?'

---

[33] 단추처럼 옷의 벌어진 곳을 잠그는 갈고리 모양의 물건.

| '중한 두 민족은 연합하여 일본 강도를 타도하자! 조선의용군'이라는 내용의 구호를 벽에 쓰고 있다.

"그렇긴 하지만, 우린 적을 이겨낼 자신감을 갖고 있습니다. 적군의 규율은 강박적으로 세워졌고 장병들 사이에는 근본적인 이해 충돌이 있습니다. 그러나 우리는 상하가 일치합니다. 우리의 전사들은 자신의 해방을 위해 싸우고 있습니다. 이게 바로 우리가 기필코 이길 수 있는 힘의 원천입니다."

황포군관학교 시절 장개석의 장편 연설에 넌더리가 났던 김학철은 팽덕회 장군의 간단명료하면서도 유머러스한 연설에 깊이 빠져들었습니다.

김학철은 팽덕회 장군을 평생 존경했습니다. 목이 날아나도 직언을 하는 팽 장군의 강직한 기질과 성미를 닮아 김학철도 후반생에 장군처럼 많은 수난을 겪게 되었습니다. 그는 심지어 팽 장군을 변호하는 소설을 써서 문혁대혁명 당시 10년간 옥살이를 하기도 합니다.

김학철 일행의 태항산에서의 생활은 이렇게 시작되었습니다.

그 후 1941년 12월 12일, 태항산 기슭 호가장에서 벌어진 치열한 대일 전투에서 제2대 분대장 김학철은 다리뼈에 총상을 맞고 일본군에 체포됩니다. 그리고 앞서 얘기한 바와 같이 석가장 헌병사령부의 취조와 일본영사관 구치소 수감을 거쳐 일본 나가사키 감옥으로 압송됩니다.

7부

일본 나가사키형무소

부산에서 배를 타고 일본 나가사키에 압송된 김학철은 현지에서 최종 판결을 받았습니다. 김학철이 나가사키 감옥에 수감된 것은 1943년 4월 29일, 이른바 천장절(天長節)이었습니다. 말하자면 일본 천황의 생일날이었지요.

  사나흘 지나자 미결감방[34]의 간수가 김학철에게 그를 변호해줄 관선 변호인을 선임했다(김학철은 당시 무일푼)고 알려주었고 또 달포[35]가량 지나서 공판 날짜를 미리 알려주었습니다. 그래서 김학철은 마음속으로 법정에 나갈 준비를 갖추었지만 형기의 길고 짧음에 대해서는 별로 신경 쓰

---

34) 법적 판결이 나지 않은 상태로 구금되어 있는 미결수를 가두어두는 감방.
35) 한 달이 조금 넘는 기간.

지 않았습니다. 왜냐하면 조만간에 일본이 패전할 것이고 그때면 자연 풀려나기 마련이었으니까요. 문제는 고름을 계속 흘리면서 그날까지 버텨낼 수 있겠는가 하는 것이었습니다. 역시 시간과의 싸움이었습니다.

이때 벌써 일본은 '기름 한 방울은 피 한 방울'이라는 구호를 외쳐대고 있었으므로 호송차(닭장차) 한 대 굴릴 형편도 못 되어 김학철은 공판정까지 용수36)를 쓰고 전차를 타야만 했습니다.

김학철이 부상당한 것을 알고 있는 터라 재판장이 정정37)을 시켜 걸상을 갖다주어 김학철은 앉아서 재판을 받았습니다. 방청자가 가물에 콩 나듯 몇 안 되었으나 그나마도 중도에 일단 퇴정했다가 다시 입정해야 했습니다. 김학철이 '우리는 일본군 포로들을 인도주의적으로 대우했다'고 진술하는 바람에 '황군은 포로가 없다'는 신화가 무너질까 봐 재판장이 의사봉으로 급히 탁자를 두드리며 서둘러 퇴장을 명했기 때문입니다.

아주 독살스러운 관상을 한 검사 녀석이 구형을 하는데 엉뚱하게 무슨 '항적(抗敵)'이라는 것을 들먹이며 '오직 극형만이 있을 뿐'이라고 독살스럽게 혓바닥을 놀리는 바람에 김학철은 그 녀석이 딱 미워 죽을 지경이었습니다. 그러나 일찍 적의 감옥에서 7~8년씩 징역을 살고 나온 선배들에게서 얻어들은 바가 있었습니다.

'치안유지법 위반의 최고형은 무기징역이라던데 당치 않게 극형이라니!'

떨떠름해서 구치감으로 돌아오니 간수가 김학철의 허리띠부터 거두어 갔습니다.

---

36) 網笠: 죄수의 얼굴을 보지 못하도록 머리에 씌우는 둥근 통 같은 기구.
37) 廷丁: 일제 강점기, 법원의 사환(잔심부름꾼).

'목매 죽을까 봐? 미친놈들!'

그러나 김학철의 마음은 다잡을 수 없이 어수선산란했습니다.

'극형(사형)…? 으름장…?'

이 상반되는 해석이 머릿속에서 실랑이하는 바람에 김학철은 10등(최하등) 보리밥 한 덩이를 어떻게 먹었는지 모를 지경이었습니다. 두어 주 후에 김학철은 선고를 받았는데 그 판결서에 다음과 같이 적혀 있었습니다.

법률에 비추어볼 때 피고인은 판시 소위 중에 국체 변혁을 목적으로 한 결사에 가입하고 그 목적 수행을 위하여 행동한 점은 쇼와 16년 법률 제54호 치안유지법 개정법률 제1조 후단에 해당하고, 항일사상과 염전 사상의 선전 방법으로 적국에 군사상 이익을 준 점은 형법 제86조에 해당한다. 치안유지법 개정법률 위반의 행위와 적국에 군사 이익을 준 행위로 몇 가지 죄명에 걸리는 데다 치안유지법 개정법률 위반 및 적국에 군사상 이익을 준 행위가 연속법에 해당됨으로서 형법 제54조 제1항 전단과 제55조 제10조를 적용하고 그중 가장 중한 치안유지법 개정법률 제1조 후단의 죄형(罪刑)에 따라 소정 형기 범위 내에서 피고를 징역 10년에 처하고 동법 제21조에 의하여 미결 구류 일수 가운데서 200일을 본형의 계산 내에 넣도록 한다.

이 판결서를 훗날 일본 학자들이 법무부 자료실에서 찾아내 복사본을 김학철에게 보내주어 지금도 소장하고 있습니다. 죄명은 '치안유지법 위반', 즉 전쟁 포로가 아닌 정치범이었습니다. 김학철은 조선인으로서 '내선일체[38]'라는 명목하에 일본인과 동일시되어 치안유지법이 적용됐던

| 나가사키형무소 이사하야시 본소.

것입니다. 나라를 빼앗긴 국민이 겪어야 하는 또 하나의 불행이었습니다.

　김학철은 정치범으로 일본 나가사키형무소에서 옥살이를 시작했습니다. 그런데 여기서도 극적인 일이 벌어집니다. 김학철이 처음 갔던 나가사키형무소 전부가 미군의 1945년 8월 9일 나가사키 원자폭탄 투하로 무참히 파괴되어 아주 사라지고 지하 층계만 남은 것입니다.

　한데 김학철은 어떻게 기적적으로 살아남았을까요? 그것은 원자탄이 투하되기 전 감옥의 죄수가 차고 넘쳐 일부 수감자들을 20킬로미터가량 떨어져 있는 본소(本所)로 이송했기 때문입니다. 그 속에 다행히 김학철도 포함되어 있었습니다. 나가사키현에 형무소가 두 개 있는데 나가사키 시

---

38) 內鮮一體: 일본과 조선은 한 몸이라는 뜻.

| 김학철이 나가사키형무소 시내 분소에서 이감된 이사하야시 본소 내부.

내에 있는 것이 분소(分所)이고 다른 하나는 훗날 이감된 이사하야(諫早)시의 본소입니다. 만약 그때 김학철이 이송되지 않았다면 오늘 그의 아들도 이 글을 쓸 수 없었을 것입니다.

김학철이 이송되어 갇힌 이사하야시 본소도 지금은 정문과 담장만 유적으로 남아 있고 감옥 건물 자체는 옛 사진 속에서만 볼 수 있습니다.

판결을 받은 김학철은 독방에서 그물 뜨는 작업을 했습니다. 그러나 '엄정독거(厳正独居, 독거 감방)'라서 하루에 20분씩 하는 옥외 운동도 간수부장 압령하에 단독으로 해야 했고 또 일주일에 두 번씩 하는 목욕도 독탕에서 해야 했습니다. 김학철은 상처 때문에 탕 안에 들어갈 수 없어서 그저 머리나 감고 발이나 씻는 것으로 때웠으므로 사실상 4년 동안 목욕이라는 것을 못 한 셈입니다.

김학철에게 있어서 가장 절박한 문제는 수술을 받는 것이었습니다. 의무과장에게 청했더니 의사라는 녀석이 코웃음을 치며 내뱉는 소리가 고작 이러했습니다.

"너 같은 비국민(非國民)에게 수술이 다 뭐냐. 정 그렇게 수술을 받고 싶거들랑 제가 저지른 죄과에 대해 참회부터 하는 게 순서가 아닐까?"

'비국민'은 '반역자'란 뜻이고 참회란 전향서39)를 쓰라는 것인데, 그 전향서 한 장이 김학철의 신념과는 상극이었습니다. 따라서 전향을 거부한 김학철에게는 수술도 당치 않은 일이었습니다. 김학철은 부상당한 다리 상처에서 계속 고름이 흐르고 구더기가 끼어 젓가락으로 골라내면서 3년 반을 버텨야만 했습니다. 그 자신도 파상풍에 걸려 죽지 않은 것이 기적이라고 생각했습니다. 밤낮으로 고름이 흐르는 뻗정다리가 김학철에게는

---

39) 轉向書: 사상이나 이념을 바꾸는 것.

치명적인 부담이 돼버렸습니다. 나중에는 적에게 쫓기다 꼬리를 잡히면 끊어버리고 내빼는 도마뱀까지 떠올렸습니다.

'이놈의 다리도 그렇게 끊어버릴 수만 있다면 오죽 좋으랴. 일본이 먼저 망하느냐 내가 먼저 죽느냐…'

김학철은 아물지 않은 상처를 통해 촛농처럼 녹아내리는 목숨을 가지고 전쟁의 진행 속도와 경주하고 있었습니다.

1945년 2월에 의무과장이 갈렸습니다. 종전을 6개월 푼히 앞둔 시점이었습니다. 간수부장이 엄정독거라고 귀띔을 하니까 새로 온 의무과장은 김학철이 으레 흉악한 살인강도일 줄 알았나 봅니다. 454번(김학철의 수인번호) 카드를 뽑아 사무적으로 펼쳐보고 나서 적이 놀라는 눈치였습니다. '치안유지법 위반'이라는 죄명이 눈에 들어왔기 때문입니다.

이 기회를 놓칠세라 김학철은 강렬히 호소했습니다.

"의술은 인술이라 하잖습니까? 그런데 어떻게 사상 문제에 연관시켜 가지고 3년이 지나도록 이 지경으로 내버려둔단 말입니까? 더도 바라지 않습니다. 그저 절단만 해주십시오."

의무과장 히로다 요쓰구마(广田四熊) 선생은 히포크라테스의 아류답게 김학철의 청을 선뜻 받아들이고 설비가 형편없는 의무실에서 어렵사리 김학철의 다리를 잘라주었습니다. 시시각각 생명을 좀먹던 다리를 절단했으니 그야말로 도마뱀의 꿈을 이룬 셈이라 할까요. 그렇지만 김학철은 외다리가 된 자신을 내려다보며 쓸쓸한 마음을 달랠 길이 없었습니다.

'아무튼 이젠 살았어!'

그리하여 김학철은 다리 하나를 나가사키형무소의 무연고 묘지에 묻었습니다. 연고자 없는 죄수들의 시신을 묻는 곳이었습니다. 이때 김학철은 영양부족으로 폐결핵과 신장결핵에 걸려 있었습니다.

김학철은 옥살이를 하면서도 대부분 농민 출신 간수들과 사이좋게 지냈습니다. 그들에게 정의로운 이야기를 해주면서 깨우쳐주었고 또 문학적인 이야기도 해주어 그들은 김학철을 무척이나 좋아했습니다. 하여 그가 요구하는 책들을 기꺼이 가져다주곤 했습니다.

하루는 그중 간수 하나가 찾아와 물었습니다.

"학철 군, 당신의 잘라낸 다리를 보겠는가? 무연고 묘지에 묻을 때 옅게 묻었는데 이 며칠 사이 개들이 파헤쳐놓았어. 다시 묻기 전에 한번 보겠어?"

간수의 말에 김학철은 호기심을 금치 못하고 보자고 했습니다. 그 간수는 막대기 끝에 다리 하나를 꿰들고 왔습니다.

자세히 들여다보니 다리 살은 꺼멓게 색이 변하고 발가락은 살이 썩어 뼈만 보기 흉하게 드러나 있었습니다. 하도 어처구니가 없어 둘이 마주 보며 껄껄 웃고 말았습니다. 간수는 이번엔 깊게 파묻겠다면서 다시 들고 나갔습니다.

40년 후 김학철은 와세다대학의 초청으로 일본을 방문했습니다. 그때 일본의 신문, 잡지에 방문 소식이 실렸는데 그중 한 기사의 제목이 '자기의 무덤을 찾아온 투사'였습니다. 다리 하나가 묻혀도 무덤은 무덤이니 말입니다.

일본 군국주의가 망해갈 무렵 감옥 안의 규율과 정서가 상당히 해이해져 있었습니다. 김학철은 그 틈을 타 5사에서 복역 중인 조선인 정치범 김중민(金仲民), 송지영(宋志英)과 가끔 짧은 정담(政談)을 나눌 수 있었습니다.

김중민은 본래 종로경찰서의 고등계 형사였는데, 어느 독립운동가를 연행하다가 되레 그에게 설복당하는 바람에 양심이 되살아나 그를 풀어 주고 빈손 털고 돌아와서는 '부주의로 놓쳤다'고 허위 보고를 한 죄로 파면당한 사람이었습니다. 그는 분한 마음에 중국으로 건너가 중경(충칭)까지 임시정부를 찾아가는 데 성공합니다. 거기서 임무를 맡아 다시 일본군 점령하의 남경(난징)으로 내려와 지하활동을 하다가 불행하게도 검거되어 징역 7년 형을 선고받고 나가사키에서 복역하는 중이었습니다.

송지영은 당시 남경중앙대학에 유학 중이었는데 김중민에게 포섭되었던 까닭에 징역 2년의 형을 선고받았습니다. 김중민은 해방 후 뜻을 펴보지도 못하고 일찍 세상을 떠났지만 송지영은 한국 KBS 사장 등을 역임하다가 1989년(향년 72세)에 타계했습니다.

김학철이 수술하고 백지장같이 창백한 얼굴로 목발(협장)을 짚고 나타나니 마음 여린 송지영은 대번에 두 눈이 붉어졌습니다. 이에 김학철이 우스갯말을 던졌습니다.

"이봐요, 송 형. 내가 우산 귀신이 됐으니 이제부터 비 맞을 걱정은 안 해도 돼."

'우산 귀신'은 외다리로 통통 뛰어다닌다는 설이 있어, 이런 농으로 그를 위로한 것이었습니다.

하지만 누이동생에게 다리 절단 사실을 그대로 알리자니 좀 난감했습니다. 그러나 알리지 않을 수는 없어서 결국 김학철은 편지에 짐짓 호기롭게 글을 남겼습니다.

> 사람의 정의(定義)는 '인력거를 끄는 동물'이 아니다. 다리 한 짝쯤 없어도 문제없다. 걱정 마라.

8월 상순의 어느 날, 간수부장이 불시에 나타나더니 심상찮은 얼굴로 김학철을 들여다보며 묻지도 않은 말을 자꾸 씨불거렸습니다.

1945년 8월 9일 미군 원폭으로 사라진 나가사키 시내의 형무소 흔적. 김학철은 처음 이곳에 감금되었다가 시교 본사로 이감됐다. 뒤편에 평화의 조각상이 세워지고 평화공원이 조성되었다.

"나가사키에 원자폭탄이 떨어졌다. 한순간에 온 시내가 다 잿더미로 돼버렸다. 우리 지소(支所)도 전멸을 했다. 시내에 사상자가 부지기수다."

김학철은 '원자폭탄'이라는 말을 처음 들어보았습니다. 그래서 원자폭탄이라는 게 뭔지 되물었더니 간수부장도 똑똑히 모르는 모양이었습니다.

"아무튼 위력이 엄청난 신형 폭탄이다. 미국 놈들이 발명한 거다. 건물이고 사람이고 다 일순간에 박살이 난다. 새까맣게 타버린다. 철근이 다

녹아서 엿가락처럼 뒤틀린다. B-29 폭격기로 투하한다."

김학철은 마음속으로 이렇게 가늠했습니다.

'이제 연합군의 본토 상륙도 시간문제군. 이놈의 감옥하고도 이젠 바이바이구나.'

8월 15일 정오에 히로히토 천황의 특별 성명인가 뭔가가 있다고 해서 김학철은 감옥 스피커에 귀를 잔뜩 도사리고 있었습니다. 그러나 감옥 스피커가 영 엉망이라 도무지 요령부득[40]이어서 히브리어로 씨불이는 게 아닌가 의심이 들 지경이었습니다.

한 시간쯤 지나갈 무렵, 언제나 쥐죽은 듯 조용한 복도에서 누군가 갑자기 외치는 소리가 들렸습니다.

"1등 밥 하나도 없음! 방공호 파기 그만!"

'엄정독거'들이 들으라고 일부러 외치는 게 분명했습니다. '1등 밥'은 중노동을 하는 죄수들이 먹는 밥으로서 방공호 파는 녀석들도 그에 해당했습니다. 그러니까 소리를 친 것은 취사장에서 하루 세끼 밥을 날라오는 죄수 녀석이 틀림없었습니다.

'오, 그렇구나. 항복이구나!'

김학철은 비로소 상황을 파악하고 하마터면 목발을 짚고 천장까지 펄쩍 뛰어오를 뻔했습니다.

간수들이 심심찮게 와 소식을 알려주어 김학철은 8월 15일 당일에 벌써 서대문형무소에서 수감자들이 활짝 열린 철문으로 싹 다 쏟아져나왔다는 것을 알았습니다. 하지만 김학철과 같은 정치범들은 10월 9일 맥아더사령부의 명령으로 일본 본토의 정치범들이 일제히 풀려날 때까지 무

---

40) 要領不得: 말이나 글 따위의 요령을 잡을 수가 없음.

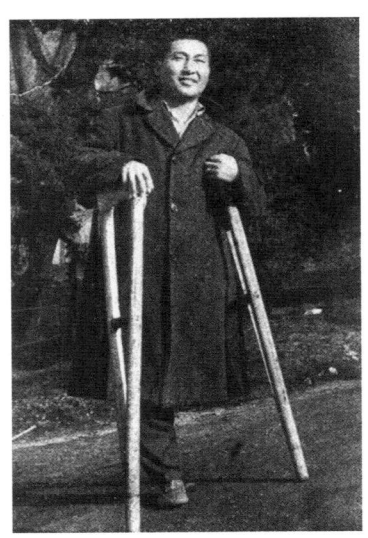

1945년 10월 일본 나가사키 감옥에서 출소할 때의 김학철.

려 55일간을 더 기다려야 했습니다.

김학철은 수술한 자리가 결핵균 감염으로 채 아물지 않아 의무실에서 알코올과 탈지면을 얻어가지고 출소해야 했습니다.

《나가사키신문》 기자들이 지켜보는 가운데 소장(감옥장)이 조심스레 (전쟁범죄자로 고발당하면 큰일이므로) "재감 중에 혹시 학대를 받은 일이 없느냐?" 따위의 공식적인 말 몇 마디를 하는 것으로 간소한 석방 절차가 끝났습니다. 정치범이라야 모두 넷, 조선인 3명에 일본인 1명뿐이었습니다.

김학철은 감방의 곰팡내 나는 보따리를 되돌려받고 죄수복을 사복으로 갈아입었습니다. 그중 신발이 두 짝이라 무용지물이 돼버린 한 짝은 집어던지고 한 짝만 신고 감옥 철문을 나섰습니다.

| 감옥에서 출소한 후 김학철과 송지영이 함께 부산행 배를 타고 귀국한 나가사키 항만.

　감옥 동창 송지영하고는 나이가 같아 밤낮 내가 형이니 네가 아우니 하는 말씨름을 하기 일쑤였습니다. 이들은 함께 감옥에서 풀려나와 나가사키 항구에서 배를 타고 부산으로 건너갔습니다. 그리고 서울로 향했습니다.
　사실 송지영은 부잣집 아들이었습니다.
　"학철아, 넌 서울 가면 있을 데도 없지. 우리 집에 머물면서 몸도 추슬러라."
　그리하여 김학철은 송지영의 집에 머물면서 활동을 시작했습니다.
　훗날 송지영은 한국 KBS 초대 사장이 되었습니다. 한중 수교가 이루어지기 전에 한국에서 《격정시대》가 출판되자 송지영도 비로소 '오, 나의 감옥 친구 김학철이 중국에 살아 있구나!' 하고는 곧바로 부하 직원들을 중국으로 파견하여 《격정시대》 한국판본과 함께 감옥 동창에게 눈물 머금은 영상 편지를 보냈습니다.

항일 전쟁 시기, 모든 항일 민족 세력이 단합하여 일제와 싸웠지만 계급 해방 문제에서는 그 해결책이 서로 달랐습니다. 이 문제의 분기로 항일 세력은 크게 두 파로 갈라섰습니다. 조선의용대는 피압박 민족 독립 후 피착취 계급의 해방을 위한 목표가 또 있었지만 다른 반일 세력의 의견은 달랐습니다.

김학철은 청춘과 모든 정력 그리고 다리 하나를 항전에 바쳤지만, 그의 세계관이 변한 길을 살펴보면 민족과 나라에 대한 인식은 변화를 거듭합니다. 초창기의 어리숙한 왕정복고 사상으로부터 무정부주의의 의열단 테러 활동 그리고 마침내 마르크스주의의 신념을 확고히 한 사회주의자로 성장한 것입니다. 행동으로는 견실한 공산당원으로 전쟁과 감옥의 시련을 다 용감히 이겨냈습니다.

김학철은 일본이 우리를 침략했으니 당연히 적대국으로서 반일 항전에 투신했지만 일본 인민과 파쇼 통치 계급은 달리 보아야 한다고 생각했습니다. 사실상 항일 전쟁 시기에 조선의용대와 함께 일본 반파쇼 단체도 함께 싸웠습니다.

김학철은 그제서야, 어린 시절 원산 부두 노동자들의 파업을 적국 일본인 선원들이 뱃고동을 울리며 응원했던 이유를 깨달을 수 있었습니다.

'세계 피압박 민족은 자연히 하나로 뭉치는 힘이 있었구나.'

이러한 사상과 생각들이 훗날 김학철 문학의 밑바탕이 되었고 동아시아 여러 나라의 피압박 인민들에 대한 동정과 사랑이 고스란히 《격정시대》를 비롯한 수많은 작품에 스며들었습니다.

김학철은 일본의 일반 서민들 특히 진보적 학자, 작가들과 많이 교류하

| 1990년대 초, 오오무라 교수와 그의 부인 아키코 여사와 함께 담소하는 김학철 부자(父子).

면서 두터운 친분을 쌓았습니다. 그중 일본 와세다대학 오오무라 마쓰오 (大村益夫) 교수는 조선문학을 연구하는 대표학자인데 그의 가족과 김학철 가족은 변함없는 두터운 우정으로 세상에 알려졌습니다.

김학철이 금식(禁食)하던 중에 신기하게도 오오무라 교수 부부가 예고도 없이 연길로 찾아왔습니다. 김학철의 마지막 사진은 바로 그때 오오무라 교수와 함께 찍은 사진입니다. 마치 교수님이 작별 인사를 하러 온 듯 했습니다.

또한 김학철은 일본의 대표적 작가 시바 료타로(司馬遼太郎)와도 따뜻한 인연을 가졌습니다. 일본인들은 시바 료타로라고 하면 넋을 잃을 정도로 좋아합니다. 김학철도 그의 원문 작품에 매료되어 그에게 감동적인 편지를 보냈습니다. 그런데 뜻밖에도 시바 료타로의 열정적인 회답을 받았습

| 일본 와세다대학에서 강연을 마친 김학철 부부와 오오무라 교수 일가 및 교수들.

니다. 그렇게 두 분의 우정이 시작되었습니다.

시바 료타로는 자신의 전집이 나올 때마다 매 권 서두에 친필 사인을 하여 김학철에게 보내왔습니다. 후에 일본 학자들이 이를 보고 깜짝 놀랐습니다. 이분의 친필 사인 전집을 받는다는 것은 흔한 일이 아니었기 때문입니다. 일본의 국민 소설가 시바 료타로의 생가 옆에는 안도 타다오가 설계한 기념관이 들어서 있습니다. 김학철이 받은 친필 사인 전집과 편지들도 언젠가는 그곳에 자랑스럽게 전시될 것입니다.

| 시바 료타로가 매 권마다 친필 사인을 적어 김학철에게 보내준 전집.

8부

일본 감옥에서 서울, 평양
그리고 또다시 북경으로

해방 초기의 서울에서는 좌익 세력들도 공개적으로 활동했습니다. 서울에서 김학철을 맞이한 이는 심성운(심상휘)과 김창규(왕극강)였습니다. 심성운은 천진에 잠입해 반일 지하공작을 하다가 윤해섭(尹海燮)의 밀고로 체포되어 서대문형무소에서 해방을 맞았고 김창규는 연안에서 강행군하여 귀국, 평양에서 다시 서울로 파견되어 왔습니다.

이때 심성운은 조선독립동맹 서울위원회 조직부장, 김창규는 연락부장이었습니다. 심성운은 서울 출신이요, 김창규는 강릉 출신입니다.

이튿날 조선공산당 부위원장 홍남표(洪南杓)가 직접 찾아와 김학철만 만찬에 초대하는데 따라가보니 박헌영(朴憲永), 이주하(李舟河, 김학철의 고향 사람) 등 몇 사람이 기다리고 있었습니다.

김학철은 자동적으로 맹적41)을 회복하고 또 얼마 지나지 않아 서울시

| 광복 초기 서울에서 좌익 수뇌 박헌영과 여운형.

위원으로 선출되었습니다. 서울의 좌익 조직에서 집을 마련해주어 김학철은 송지영의 집에서 나와 독립 활동을 이어가게 되었고 소설 창작과 좌익 정치 활동도 시작합니다. 항일 전쟁 시기에는 총을 들고 일본군과 맞서 싸웠지만 다리를 하나 잃었으므로 서울에서는 붓을 들고 싸우게 된 것입니다.

그사이 어머니가 와서 외다리가 되어버린 아들을 보고 눈물을 뿌렸으나 김학철이 워낙 새끼손가락 하나 다친 것만큼도 대수로워하지 않는지라 더 울지 못하고 차차 눈물을 거두었습니다.

김학철은 말 그대로 '개선 용사'였으므로 많은 집회에 참가해 정견[42]을

41) 盟籍: 동맹원으로 등록되어 있는 장부.
42) 政見: 정치상의 의견이나 식견.

발표하고 또 때로는 열변을 토하기까지 했습니다. 항일 부대에서 부상당해 돌아온 사람은 김학철 하나뿐이었으므로 일부 젊은층의 열광적인 환영을 받기도 했습니다.

김학철은 진보적 문인들의 단체인 조선문학가동맹의 기관지 《문학》 창간호에 〈담배국〉을, 《신문학》에 〈균열(龜裂)〉을, 《서울문학》에 〈어간유정(魚肝油精)〉 등을 발표하는 것으로 의욕적인 창작 활동을 시작했습니다.

1년 만에 꼭 10편을 발표했는데 발표한 작품들을 묶어서 《조선의용군》이라는 단행본을 내기로 합니다. 주식회사 한성도서에서 자사 간행물에 출판 예고까지 게재했는데, 피비린내 나는 좌익 탄압으로 김학철이 불시에 월북하는 바람에 그 기획은 무산되고 말았습니다.

김학철은 소설 창작을 계기로 문단의 많은 선배들과 교분을 나누었습니다. 이태준(李泰俊), 김남천(金南天), 안회남(安懷南), 박계주(朴啓周), 윤세중(尹世重), 현덕(玄德), 이근영(李根榮), 송영(宋影), 이원조(李源朝), 그리고 임화(林和)의 부인 지하련(池河蓮)까지 다양했습니다.

창경원(현 창경궁)의 벚꽃이 탐스럽게 피어 흐드러질 무렵 문학가동맹에서는 '독립군 출신의 신인(新人)이 하나 늘어 경사'라고 하면서 이태준과 김남천이 주축이 되어 서울 명동의 한 다방을 빌려 김학철을 위한 조촐한 환영회를 베풀었습니다.

그때 명동 다방에서 찍은 사진 한 장을 김학철의 막내 외삼촌이 잘 간수한 덕분에 월간 《문학사상》(1989년 12월호) 등에 게재되어 40년 만에 기적적으로 빛을 보았습니다. 이 사진에는 지하련, 박노갑, 안회남, 김남천의 얼굴이 보이는데 이태준, 이원조 등의 얼굴은 지워져서 보이지 않습니다. 이들 한복판에 찬란한 미소를 머금고 앉은 김학철은 채 자라지 않은 머리 모양이 한눈에 봐도 옥고를 치르고 나온 사람임을 알 수 있습니다.

| 김학철의 작품 합평회 및 환영식 때 명동에서 찍은 사진.

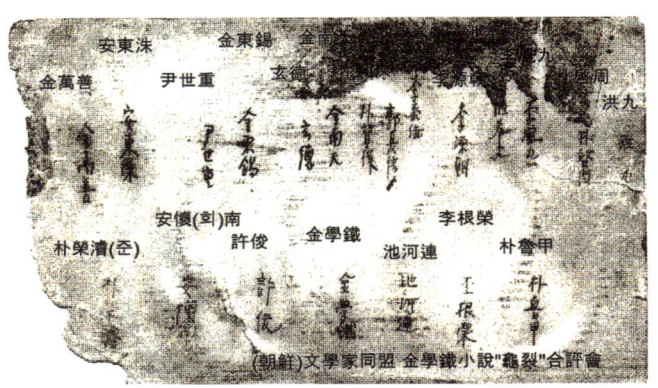

| 뒷면에 적힌 사진 속 인물들의 이름.

그러나 그에게서는 온몸에 환희와 긍지, 자신감과 용기가 넘쳐 보입니다. 김학철은 자신의 조선의용대 생활 체험을 갖고 문단에 나타난 것입니다.

김학철은 서울을 떠날 때 나이가 몇 살 위인 삼촌에게 자신의 물건을 맡기며 머지않아 다시 귀환할 것이니 잘 보관해달라고 부탁했습니다. 그런데 좌익 탄압이 날로 심각해지자 삼촌이 사진 등 김학철이 남긴 물건들을 유지(油紙)에 싸서 땅에 묻었습니다. 그리고 몇 해 지나서 삼촌이 다시 파보니 사진 가장자리가 부식되어 지금의 사진 모양이 되었습니다. 그래도 긴 세월을 이겨내고 이 진귀한 사진이 남아 있다는 것만으로도 다행입니다.

사진 외에도 서울 시기의 유품 하나가 더 남아 있는데 그것은 김학철이 서울에서 평양으로, 평양에서 북경으로, 북경에서 다시 연길로 옮겨 다니는 동안 유일하게 휴대한 소지품인 일본어판《고요한 돈강(靜靜的頓河)》이었습니다. 모든 귀중품을 다 버려도 숄로호프의《고요한 돈강》만은 소중히 모시고 수천 리 길을 에돌아온 것입니다. 이 소설에 대한 김학철의 사랑이 어느 정도였는지는 훗날 책으로 발표된 서광요(徐光耀)의 1951년 북경에서의 일기에 남아 있습니다. 기록에 따르면, 김학철은《고요한 돈강》을 수십 번 읽었다고 했습니다.

당시 미군정청에는 공산당의 프락치가 속속들이 들어박혀 있었으므로 그 내부 사정을 훤히 알고 있었습니다. 따라서 그들의 블랙리스트에 누구누구의 이름이 올라 있는지도 잘들 알고 있었는데 이래저래 외다리로 숨을 수도 없는 김학철은 '북송(北送)' 제1호가 될 수밖에 없었습니다.

김학철의 월북 루트는 조직부장 심성운과 연락부장 김창규(이들은 무시로 38선을 넘나들었다)가 상의해서 결정지었습니다.

"떠나기 전에 송지영을 한번 만나야지 않겠나. 감옥 친구들인데 넌지시 작별이라도 해야지."

이와 같은 김학철의 말에 심성운이 대번에 타박을 했습니다.

"도망치는 놈이 작별은 다 뭐야? 정신 나간 소리!"

김학철이 서울에서 평양으로, 또다시 북경을 거쳐 연길까지 가지고 온 유일한 휴대품, 일본어판 《고요한 돈강》.

김학철은 '계급성이 박약하다고' 또 꾸중을 받을까 봐 두말 못 하고 그 날로 짐 보따리를 꾸렸습니다.

조직에서는 김학철의 신체적 조건을 고려해 경호원과 간호사를 한 명씩 딸려 보냈습니다. 그때 함께 길을 떠난 간호사 김혜원(金惠媛, 본명 김순복金順福, 인천 사람)은 후일 김학철과 결혼해 역시 파란만장한 삶을 살게 됩니다. 일행은 누이동생까지 모두 남녀 넷이었습니다. 여자가 섞여 있으면 당국의 주목을 덜 받을 것이라는 타산의 짜맞추기였습니다.

서울 마포에서 모터보트를 타고 한강을 내려와 황해도 서남쪽 옹진반도를 거쳐 해주까지 검문소들을 아슬아슬하게나마 무사히 통과한 후, 김학철은 글 쪽지 하나를 적어서 경호원 안승옥에게 건네주며 지체 없이 황해도 보안부(내무부)를 찾아가라고 일렀습니다. 당시의 황해도 보안부장

(도 경찰국장)은 리춘암(일명 반해량)으로서 역시 김학철의 팔로군 시절 전우였습니다.

일행이 어둠 속에서 속을 조이고 있을 즈음, 갑자기 엔진 소리가 귀를 울리며 사이드카 2대와 곧이어 승용차 한 대가 들이닥쳤는데 경호원 안씨가 리춘암 부장을 인도해 온 것입니다.

리춘암과 김학철은 방축 위에 서서 마주 보고 웃었습니다.

"알거지가 됐지만 그래도 목숨을 부지했으니 천만다행이잖아."

그러나 누이동생과 김혜원 두 처녀에게는 타격이 아닐 수 없었습니다. 앞으로 시집을 가야 하는데 남은 것이라곤 몸에 걸친 단벌 옷밖에 없었습니다. 내색은 하지 않았지만 속은 그리 편치가 못했을 것입니다.

저녁에 김학철을 환영한다고 어느 양식집에서 모였는데 모두 옛 전우들이었습니다. 도 인민위원회 서기장 리유민(李維民), 도당 선전부장 정율성(鄭律成)과 그의 중국인 부인 정설송(丁雪松) 등 일고여덟 명이었습니다.

정율성은 〈중국인민해방군 군가〉와 〈조선인민군가〉의 작곡가로서 1977년 북경에서 뇌출혈로 타계했고 그의 부인 정설송은 네덜란드 주재 중국대사(중화인민공화국 여대사 제1호) 등을 역임한 바 있습니다. 정설송은 워낙 배포가 남다르고 똑똑한 여자였으므로 그 남편은 물론이고 친구 사이인 김학철까지 잘못 걸려들어 진땀을 뺀 적이 있었습니다.

평양에서는 김세광이 김학철을 기다리고 있었습니다. 이 둘은 태항산 호가장 전투에서 살아남은 전우로, 다리 한 짝 잃은 김학철과 팔 한 짝 잃은 김세광의 상봉은 가히 극적이었습니다. 두 사람의 인생이 돌고 돌아 만들어진 두 원에 교차하는 지점이 생긴 모양새입니다.

김세광은 당시 북조선림시인민위원회 보안국 부국장(내무성 차관)으로서 대동강변의 번듯한 저택에서 살고 있었습니다. 갓 결혼한 부인과 함께

| 정률성이 김학철에게 준 가족사진(부인 정설송과 딸 소제).

살았고 아래층에 그의 경호원 예닐곱 명과 운전사 부부가 기거했습니다. 김학철 일행은 잠시 김세광 저택에 머물기로 했습니다.

며칠 후 김학철은 중앙당 간부부장 허정숙을 만났습니다. 중국에 있을 때 김학철을 포함하여 전우들은 다 그녀를 '누님(大姐)'으로 대접했습니다. 허정숙이 김학철에게 어디다 배치해주길 바라는지 묻자 김학철은 신문기자가 되고 싶다고 답했습니다. 그러자 허정숙의 전화 한 통으로 당장 결정이 나서 김학철은 당일로《로동신문》의 기자가 되었습니다.

허정숙은 이때 최창익(부인에게 가끔 가다 주먹을 휘두르는 버릇이 있어서)과 이혼한 상태였는데, 옛 전우의 정으로 김학철에게 예쁜 색시 하나 소개해주겠다고 자청했습니다. 김학철은 급하지 않은 일이니 차차 두고 보자며 완곡하게 사절했습니다. 이후 김학철은 김혜원과 극히 간소하게 화

| 북경에서 소제 누나와 함께 찾은 정률성 아저씨와 부인 정설송의 묘지.

촉을 밝혔습니다. 이로써 김혜원 여사의 고난에 찬 여정도 시작된 셈입니다.

김학철과 김혜원이 처음 만난 곳은 지금의 서울대병원이었습니다. 김혜원이 병원에서 간호장으로 근무할 때 김학철이 이곳에 입원하게 되었고, 김학철이 평양으로 월북할 때 김혜원은 부모 형제를 두고 김학철을 따라나섰던 것입니다.

평양에서의 결혼식 주례는 김두봉 선생이 섰습니다. 황포군관학교 시절의 사제간이 평양에서 다시 만난 것입니다. 김두봉 선생은 김학철에게 마르크스주의를 전수해준 계몽 스승입니다. 그는 옛 제자의 결혼 선물로 은수저 두 쌍을 주었는데 그중 작은 숟가락은 아들이 어릴 때 갖고 놀다 잃어버리고 나머지는 지금도 소중히 보관하고 있습니다.

| 평양 자택에서 부인, 아들과 함께 짧았지만 행복한 시간을 보냈 | 아들 김해양의 어린 시절.
던 김학철(1949년).

　결혼식에 참석한 이들은 대부분 옛 전우들로 한빈, 장지민(張志民, 일명 석성재石城才) 등도 있었습니다. 한빈 선생은 이때 평양으로 돌아와 김일성대학의 부총장직을 맡고 있었는데 총장은 김두봉 선생이지만 명예직에 불과했으므로 사실상의 총장은 한빈 선생이었습니다.

　평양에서 김학철은 《로동신문》의 논설기자로 일하면서 작품 창작을 했습니다.

　그때 옛 전우 정률성과도 평양에서 재회하여 작사, 작곡 등 창작 활동을 했습니다. 정률성과 부인 정설송은 딸 정소제(鄭小提)를 데리고 자주 놀러 왔습니다. 정소제는 김해양보다 몇 살 많은 누나였습니다. 김학철은 정률성과 남경 화로강 시절 함께 생사를 같이하며 반일 테러 활동을 했습니다. 화로강은 의열단의 중요한 아지트였는데 그때 최채도 그곳에 함께 있었습니다. 최채는 1930년대 화로강 의열단 시기 김학철의 전우로서 평생을 같이한 친구이기도 합니다. 김학철의 수필 〈위덕이 엄마〉에서 그들 부부와 김학철 일가의 정에 넘친 이야기가 나옵니다.

| 반세기가 흐른 세월, 김학철 부부의 모습.

    정률성은 그 후 연안에서 부인 정설송과 결혼하고 해방 후 평양으로 가게 되었는데 평양에서 김학철과 다시 만난 것입니다.
    김학철 작사, 정률성 작곡으로 여러 작품이 창작되었는데 이 중 음악서사시 〈동해의 어부〉가 인기를 누렸습니다. 반세기 후 중국에서 정률성 기념 음악회를 할 때도 이 곡이 연출되었습니다. 정률성이 북경에서 문화대혁명 중 뇌출혈로 돌아가셨을 때 김학철은 감옥에서 그 소식을 들었습니다. 그는 비통을 금할 수가 없었습니다. 저 역시 아버지의 안부를 당시 정설송 아주머니에게 전하지 못한 게 아들로서 유감이었습니다.
    평양 체류 중 김학철은 이태준, 김사량 두 문학 선배와 자주 만났습니다. 하지만 정치적으로는 김학철이 단연 그들의 선배였습니다.
    평양 시절 김학철은 단편소설 〈정치범 919〉 〈선거 만세〉 〈적구〉 〈똘똘

| 최채(崔采)와 그의 부인 류설금(刘雪琴).

이〉〈꼼뮨의 아들〉 등을 신문, 잡지에 발표하고 중편소설〈범람(泛濫)〉을 《문학예술》에 발표했습니다. 정률성과 합작해〈동해의 어부〉〈유격대전가〉 등을 창작하고 고골의 희곡〈검찰관〉을 번역하기도 했습니다. 또한〈검찰관〉을 각색하여 황철, 문예봉 등의 연출로 공연할 준비를 마쳤는데 내전으로 그만 헛수고를 하고 말았습니다.

전우들의 권유로 김학철은 다시 중국으로 돌아가기로 계획하고 압록강가의 만포(满浦)까지 가족을 데리고 지프로 갔습니다. 그러나 '공군사령부 장령 가족들은 신의주로 모이라'는 새 지시에 따라 누이동생네 일행이 서남(西南)으로 차머리를 돌렸습니다. 할머니 품에 안겨 있는 김학철의 젖먹이 아들은 오직 할머니만이 제일강산[43]인지라 뒤에 떨어지는 아비 어미에게 그저 예사롭게 '바이바이' 하고 손 한번 흔드는 게 고작이었습니다.

김학철이 만포에서 여장을 막 풀었을 즈음 압록강에 임시로 가설한 배다리(선교)로 중국 지원군 부대들이 홍수처럼 밀려들었습니다. 한데 의외이기도 하고 또 반갑기도 한 것은 문정일('전쟁할 때')이 그 부대의 후방부 대표로 만포에 나타난 것입니다. 그러니까 동란 중의 국경선에서 옛 전우들이 해후를 한 것입니다. 문정일은 김학철의 인생에서 몇 번이고 그를 구원해준 멋진 벗이었습니다. 그리고 가장 오랫동안 인생의 우정을 함께한 친구이기도 했습니다.

"폭탄이 자꾸 떨어지는 판에 절름발이가 여기서 뭘 할 테냐. 더구나 안식구들을 데리고. 당장 월강을 해. 내 우리 후방에다 소개장을 써줄 테니까."

문정일의 말이었습니다.

김학철 일행은 당일 밤으로 끝없이 줄을 이은 자동차들 틈에 끼어서 압록강의 혼잡한 배다리를 건너 북쪽으로 갔습니다. 김학철 일행은 물론 운전하는 하사관마저도 중국의 동북은 생소한 땅, 낯선 고장이었습니다.

후방부의 정치위원도 김학철과 같은 팔로군 출신인지라 옛 전우를 대하듯 잘해주어서 김학철네 가족은 집안(集安, 지안) 초대소에서 며칠 동안 편안히 드러누워 여독을 풀었습니다.

정치총국장 대리로 통화(通化, 퉁화)에 와 있던 조선의용대 전우 서휘(徐輝)를 만난 것이 김학철의 그 후 운명을 결정했습니다. 서휘는 부관 하나와 예쁜 여비서 하나를 뒷좌석에 태우고 고산진(高山鎭) 김일성사령부로 가는 길이었습니다. 그는 당시 아직 독신이었으므로 예쁜 여비서와 동행해도 도덕적으로 별문제는 없었습니다.

---

43) 최고로 생각할 만한 사람이나 물건.

1996년 북경에서의 만남. (왼쪽부터) 정판룡, 조룡호, 김학철, 문정일, 조남기.

"어떡할 작정이야?"

"주덕해(朱德海)가 연변에 있다고 그리 가라고 문정일이가 권하던데…."

주덕해는 조선의용군 출신인데 연변의 제일인자였습니다.

"그런 촌구석에 가선 뭘 해. 북경에 가라. 정령(丁玲)이 지금 중앙문학연구소 소장이다. 거기 가 공부나 해… 전쟁이 끝날 때까지. 절름발이가 이런 데서 얼쩡거리는 건 보기에 안 좋다. 내 호교목(胡喬木)한테 소개장 써주마. 그리고 난 사흘 후에나 돌아올 테니 먼저 통화에 가 있어. 왕자인(王子仁, 부총참모장)이 거기 있으니 초대소에 들게 해달라고 그래."

'후쵸무', 즉 호교목은 본래 모택동의 비서였으나 이때는 당중앙선전부 부부장이었습니다. 서휘는 항일 전쟁 시기 같은 부서에서 일했던 관계로 호요방(胡耀邦), 호교목과 아주 가까운 사이였습니다. 그리고 정령도 서휘와는 절친한 사이였습니다.

저녁 차로 통화에 내리기는 했으나 김학철네 부부는 추위서 곧 죽을 지경이었습니다. 왕자인의 부관이 마중을 나왔기에 그 차를 타고 사령부에 갔더니 왕자인이 가는 눈을 더 가늘게 뜨며 히죽거리며 입을 열었습니다.

"왜들 그 모양이야?"

"말도 마라. 얼어 죽잖고 예까지 온 것도 다 하느님 덕분이다."

"아하, 동북은 처음 와보지?"

"처음인 셈이지. 헌데 이렇게 추운 델 줄이야 어찌 알았겠어."

김학철 부부는 우선 솜 군복부터 한 벌씩 얻어 입고 초대소에 도착하여 따뜻한 저녁을 얻어먹었습니다. 그제야 소생한 기분이 들어 김학철과 왕자인은 새삼스레 얼굴을 마주 보았습니다.

"여보 랑자군(娘子軍)."

"여보 부상병."

서로를 부르곤 한바탕 웃어댔습니다.

사흘 후 서휘가 돌아와 알려주었습니다.

"각 사령부 장령들의 가족은 전부 이통(伊通) 초대소에 안치가 됐다. 공군사령관은 학교(공군사관학교)를 옮겨 오는 문제로 현재 연길에 체류 중이다."

이 공군사령관이란 바로 김학철의 매부 왕련 장군이었습니다.

김학철 부부는 먼저 연길에 가서 왕련을 만나고 다시 이통에 가서 어머니와 누이동생을 만났습니다. 김학철 부부가 이통 초대소에 찾아 들어가니 아들 녀석은 마침 무슨 자막대기 같은 것을 들고 혼자 놀고 있었는데 아빠와 엄마를 보더니만 쑥스레 한번 킥 웃고는 모른 체하며 제 놀 것만 놀았습니다. 순전히 동양적인 감정 표현 방식이었습니다. 그리고 또 한

| 40년 후 서안에서 다시 만난 서휘. 그가 걸어온 세월은 장편소설 몇 권 분량이 될 것이다.

가지, 이 녀석이 아침에 일어나 밖으로 나가다가 마당에 첫눈이 하얗게 깔린 것을 보더니만 손뼉을 딱 치며 탄성을 질렀습니다.

"아이야, 소금 많이 내렸네!"

김학철 부부는 이런 아들 녀석을 데리고 북경행 열차에 몸을 실었습니다.

9부

북경에서 정령과 함께

　세월은 많이도 흘러갔습니다. 1942년 김학철이 부상당한 다리를 끌고 일본 헌병에게 압송되어 전문 정거장에서 이별한 북경을 1950년에 다시 찾았습니다. 그동안 일본 나가사키 옥살이와 원폭 세례도 겪었지요. 북경에서는 조선의용대 전우 서휘의 소개로 정령의 중앙문학연구소 연구원으로 일하게 됩니다. 서휘는 팽덕회와 교분이 깊고 또 정령과도 잘 아는 사이였습니다.
　1950년 당시는 아직 중국작가협회가 성립되지 않았던 까닭에 그 전신인 중화전국문학공작자협회(약칭 전국문협)에서 김학철의 생활비를 대주고 또 서태후의 여름 궁전인 북경 이화원(頤和園) 중심부에다 집을 잡아주었습니다. 그 집이란 만수산(萬壽山) 기슭에 자리 잡은 소와전(邵窩殿)이라는 자그마한 전각이었습니다. 이 전각은 전국문협에 소속된 별장의 하나

| 북경 이화원 소와전 자택에서 평화로운 한때를 보낸 김학철 일가(1953년).

로서 김학철네 세 식구는 3년간 이 세 칸짜리 별장에서 살았습니다.

그런데 이 집 앞채가 바로 정령의 집 운송소(云松巢)였습니다. 다섯 칸짜리 전각(별장)으로서 김학철 부부가 들어 있는 소와전과는 20미터가량의 긴 복도로 이어져 있었습니다. 그러니 김학철은 정령 부부와 3년을 이웃으로 이화원에서 함께 지낸 것입니다.

당시 전국문협의 주석은 곽말약이었으나 실제 사무는 당서기 겸 상무부주석인 정령이 주관했으므로 김학철의 대우 문제도 그렇고 또 연구소에 연구원으로 받아들이는 문제도 다 정령이 결정지었습니다.

그 시절 모순(茅盾, 당시 문화부 장관)의 소설론에 관한 강의와 풍설봉(馮雪峰, 인민문학출판사 사장)의 문학비평에 관한 강의가 김학철에게 깊은 인상을 남겼습니다. 풍설봉은 그로부터 7년 후 '정령, 풍설봉 우파 반당 집

앞줄 오른쪽부터 최승희의 딸 안성희(安聖姬), 김백봉(金白峰), 정령의 딸 장조혜(蔣祖惠), 최승희, 맨 왼쪽은 정설송. 뒷줄 왼쪽부터 최승희의 남편 안막(安漠), 두 번째가 정율성(1948년).

단'의 일원이라는 어마어마한 죄명으로 숙청당했습니다.

정령은 원래 조선 사람을 좋아했는데 딸 조혜(祖慧)를 평양 최승희무용 연구소에 연수 보낼 정도였습니다. 아들의 이름은 조린(祖麟)으로 두 남매가 각성바지[44]였는데 성은 모두 엄마의 성을 따라서 장씨(蔣氏)였습니다. 정령의 원래 이름이 장위(蔣伟)였기 때문입니다. 그리고 진명(陈明)은 정령의 세 번째 남편, 즉 마지막 남편으로 12살 연하의 미남이었습니다.

훗날 최승희(崔承喜)도 이화원에 찾아와서 네 살배기 해양이를 버쩍 들어 올리며 "평양에 있을 때는 이렇게 곱지 않았는데." 하고는 무척 기뻐했습니다.

---

44) **各姓**바지: 어머니는 같고 아버지는 다른 형제.

최승희와 손기정. 김학철은 평양과 북경에서 최승희와 친한 사이였고, 광복 후 서울에서 손기정과도 친구가 되었다.

정령 외에도 김학철이 존경한 벗은 애사기(艾思奇)였고 가까이 지낸 벗은 하기방(何其芳)이었습니다. 중국 철학계의 넘버원이었던 애사기는 ML(중앙당학교)에서 유물변증법을 강의하다가 '우연과 필연'이라는 대목에서 다음과 같이 설명했습니다.

"우리 중국이 사회주의의 길로 나가는 것은 필연의 범주에 속한다. 그러나 누구인가 영도자로 된 것은 우연의 범주에 속한다."

이 말이 죽을 죄가 되어 애사기는 비판받아야 했습니다.

한편 하기방은 시인 겸 문예비평가로 유명했습니다. 이때 그는 ML의 국문학과 주임교수였는데 이 하기방이 바로 훗날 중국 문단에서 기이한 바람을 일으킨 '하기방 현상'의 주인공입니다. 말하자면 하기방의 현란했던 시가 점점 빛을 잃어갔다는 현상입니다.

| 모스크바 정거장에서 환영받는 최승희.

    연구원으로 있는 동안에 김학철은 단편소설 〈엄혹한 나날에〉〈전우〉〈솔바람〉〈군공메달(軍功章)〉 등을 《인민문학》《광명일보》《소설》《중국청년보》와 같은 신문, 잡지에 발표했고 중편소설 〈범람〉과 단편소설집 《군공 메달》을 인민문학출판사에서 출간했습니다. 이 책이 생각 밖으로 7쇄를 찍어 발행 부수가 10만 부를 돌파하기도 합니다.
    정령은 그 당시 중국문학계의 핵심 인물들 중의 한 사람이었습니다. 그는 해방 공간에서 장편소설 《태양은 상건하를 비춘다》를 창작, 발표하여 사회주의 계열에서 최고의 문학상으로 일컫는 소련 '스탈린문학상'을 받았습니다. 정령의 문학 활동은 상해에서 로신의 전우 시절부터 시작하여 연안에서의 활동 등을 이야기할 수 있습니다. 모택동 주석이 작가에게, 그것도 여성작가에게 시를 써준 것은 정령뿐입니다. 모택동은 정령을 문

무를 겸비한 여 장군이라고 칭송해주었습니다.

이화원의 어느 평온한 오후, 김학철이 창밖을 내다볼라니 갑자기 웬 군인들이 정령의 집을 포위했습니다. 깜짝 놀란 김학철 일가는 숨죽이고 지켜보았는데 한 시간이 훌쩍 넘자 포위망이 풀리더니 정령의 집 뒷문이 열리며 정령이 다급히 뛰어 올라왔습니다.

"모 주석(主席)이 방금 우리 집에 다녀갔는데 지금 곤명호로 내려가면 만날 수 있을 것이야."

그 말에 김학철네 세 식구도 부랴부랴 내려가니 모택동 주석이 곤명호에서 산책하고 있었습니다. 가까운 거리에서 모택동을 처음 만난 것입니다.

정령은 김학철의 경력과 성격을 좋아했습니다. 정령의 집에는 일주일에 한두 번씩 중국 지식계의 유명인사들이 모였습니다. 당시 대중의 사랑을 받는 시인 애청(艾青), 최고의 철학가 애사기, 하기방 등 그 시대를 대표하는 작가와 이론가들이 모였는데 그때마다 정령은 김학철을 불러 함께 이야기를 나누게 했습니다. 하여 김학철은 중국 최고의 지성인들과 교분을 쌓게 되었고 또 그들과의 친분을 평생 이어갔습니다.

시인 애청은 특히 조선의용대와 인연이 깊었습니다. 조선의용대 전사들이 호가장 전투에서 희생되었을 때 애청은 유명한 시를 써서 전사자들을 추모했습니다. 일본 감옥에서 풀려나온 김학철을 애청은 당연히 좋아하게 되었고 그 인연 역시 험난한 세월 속에서도 변함없었습니다.

훗날 정령은 터무니 없는 '정령, 진기하(陳綺霞) 반당 집단'이라는 죄명으로 흑룡강 북대황(北大荒)에 추방당해 반지하 움집에서 지냈습니다. 그것도 부족해 후에는 북경의 진성 감옥(秦城監獄)에 끌려가 옥살이까지 겪었습니다. 그러나 다행히 그 수많은 풍파 속에서도 김학철과 정령의 우정

1981년 일부러 김학철을 찾아 연길에 온 정령, 진명(陈明) 부부(가운데 두 사람)와 작가 루괄이(樓适夷) 부부. 그들은 다 상해 시절 로신의 전우였다.

은 계속 이어졌습니다.

문화대혁명이 끝난 어느 날, 집에서 구독하는 《인민일보》에서 전국문련대표대회에 나타난 정령의 소식을 보고 김학철은 정말 기뻐했습니다. 김학철은 '문혁' 10년 감옥살이에서 금방 풀려나왔지만 아직 복권(復權)되지 않은 상태였습니다.

정령한테 편지를 쓰고 싶은 마음은 굴뚝 같았지만 자신의 편지가 방금 복권된 정령한테 누가 될까 봐 김학철은 아들에게 부탁하기로 합니다. 하여 아들은 자세한 주소도 모르고 그저 '북경/중국작가협회 정령 앞'이라고만 써서 보냈는데 신기하게도 그 편지가 정령의 손에 들어갔고 뜻밖에 회답이 왔습니다.

| 정령이 사인하여 김학철에게 보내온 남편 진명과의 사진.

꼬마 해양아, 너희 편지를 받으니 너무나 기쁘다. 그런데 왜 너의 아버지는 편지를 하지 않고 네가 편지를 했지? …… 우리가 북대황의 황야에서도, 진성 감옥의 힘든 세월 속에서도 시종 김학철을 잊은 적이 없다. 김학철은 일본 감옥에서도 외다리로 견디어냈는데 두 다리가 성한 우리가 감당하지 못할 게 무엇이 있겠니.

1981년 정령은 장춘회의를 핑계로 일부러 김학철을 보러 연길로 왔습니다. 밤이 새도록 두 사람의 이야기가 끝날 줄 몰랐습니다.

정령(김해양은 어렸을 때 정령을 '큰엄마'라 불렀다)이 집을 나설 때 김해양은 정령의 신발 끈을 묶어주었습니다. 그 모습에 정령이 개탄했습니다.

"세월이 참 많이 흘렀구나. 북경 이화원에서 네가 어릴 때는 내가 네 신발 끈을 묶어주었는데 오늘은 네가 내 신발 끈을 묶어주는구나!"

정령과 김학철의 우정은 생의 마지막까지 변함없었습니다. 정령이 돌

| 사진은 항일 전쟁 시기의 정령(가운데 여성, 그 오른편은 임필시任弼時).

아가셨을 때 김학철은 통탄하며 그의 남편 진명에게 위로 편지를 보냈습니다. 마지막에 로신의 말을 인용해 분노의 뜻을 분명히 하기도 했습니다.

> 정령을 괴롭힌 악인들을 나는 한 사람도 용서치 않겠다.

이 편지는 훗날 북경에서 출판한 《정령기념문집》에 수록되었습니다.
북경 이화원에서의 찬란한 시기가 70년이 지난 2021년 7월, 정령 휘하 김학철의 동료 작가 서광요(徐光耀)와 김해양은 극적으로 연락이 닿았습니다. 서광요는 훗날 《꼬마병사 장알(小兵張嘎)》로 유명해졌고 지금 90세가 지났건만 정정하게 글을 쓰고 있습니다.
그도 격동을 금할 수 없어 이미 책으로 출판된 70년 전의 일기에서 김학철과 함께 지낸 세월의 기록과 당시 이화원 김학철 저택에서 가족과 함

북경 이화원 김학철 저택에서 서광요가 필름을 사들고 와서 찍은 사진. 뒤편 왼쪽부터 서광요, 김학철, 진묘, 앞쪽에는 김혜원과 김해양.

께 찍은 사진을 보내왔는데 젊은 서광요가 김학철의 아들을 안고 찍은 사진이 여러 장 있었습니다.

서광요는 70년 전 일기에 다음과 같이 김학철을 묘사했습니다.

1951년 4월 28일

진묘(陳淼)는 나를 끌고 가서 조선 작가 김학철과 인사하게 했다. 그는 외다리 작가로 쌍지팡이를 짚고 회의실로 왔는데 우리는 함께 문학을 논하였다. 그는 정력이 충만했고 정신력이 남달랐다. 가장 우리를 경의롭게 한 것은 그가 《고요한 돈강》을 무려 40번이나 읽었고 《삼국연의》《수호전》《서유기》 등도 통독하였으며 지어는 《논어》《맹자》도 읽었다는 점이다. 우리는 너무나 부끄러웠다. 그와 비교하면 우리는 읽은 책이 너무너무 적었다.

그는 조선의 '파벨 코르차긴'[45]이었다. 다리가 하나 없어도 여전히 이렇게 활기 넘치게 일에 몰두한다. 그는 지금 두 편의 장편을 집필 중인데 그의 계획은 정말 원대한 것 같다. 그는 정말 획기적인 인물이다!

1952년 3월 11일

아침 체조를 하고 간식을 먹고 진묘와 함께 (김학철네 자택을 찾아) 이화원으로 향했다. 먼저 전문으로 갔는데 그곳에는 이화원으로 가는 버스가 없어 헛길을 돌았다.

서직문(西直門)에서 갈아타고서야 9시 반쯤 이화원에 도착할 수 있었다. 김학철네 집에 도착할 무렵 10시가 다 되었는데 온 집안이 일어나 세수하고 있었다.

마주 앉기 바쁘게 나는 먼저 운(芸, 서광요의 애인)의 사진을 손진협(孫振俠), 진묘, 김학철과 그의 부인에게 보여주었다. 그들은 이구동성으로 너무 좋다고 칭찬했다. 손진협은 운이 너무 침착하고 냉정해 보인다고 하고 진묘는 너무 장중하여 완전히 그의 상상 밖이라고 했다. 그는 갸름하고 둥근 얼굴에 가느다란 눈 그리고 활발한 성격일 거라 나름 상상했던 것이다. 김학철은 도리어 운이 나를 많이 닮았다고 하는데 손진협은 나를 닮지 않고 입술이 너무 두껍다고 한다. 나는 생각했다.

'사진으로 사람을 판단한다는 것은 너무나 가능성이 없는 일이다.'

---

45) 러시아 혁명 소설 《강철은 어떻게 단련되었는가》의 주인공.

에렌부르크는 "사진보다 더 허구에 가까운 것은 없다."고 했는데 그 말이 일리가 있는 것 같다.

나는 그 어떤 잡담 모임에서도 서투른 아웃사이드다. 열렬하고 재미있는 장소에서도 실패하기 마련이다. 오늘 특히 그렇게 느껴진다. 진묘와 김학철, 손진협은 모두 흥미진진하게 한담을 즐기는데 나만 끼어들 수가 없었다. 다행히 꼬마 해양(海洋, 김학철의 아들)이 나의 구세주였다. 그가 나만 따라다니며 놀아달라고 하고, 나도 그를 웃기는 것이 재미있었다. 나는 이 점에서 성공하였고 그의 엄마도 웃음을 금치 못했다. 마지막에 내가 풀잎 안경을 만들어 쓰자 온 집안이 떠들썩하게 웃어댔다.

점심 때 마당에 나가 사진을 찍었다. 광선을 8~11에 놓고 노란 렌즈를 끼워 필름이 끝날 때까지 전부 찍었다. 점심은 김학철네 집에서 초대해서 먹었는데 반찬 셋에 국 하나, 맛이 아주 좋았다.

우린 4시에 작별하고 시내로 돌아왔다. 저녁 식사 후 필름을 사진관에 가져갔다. 나는 뜨거운 마음으로 사진 한 장 한 장 모두가 다 성공하기를 간절히 기대했다.

- 《서광요 일기(徐光耀日記)》, 제5권에서

서광요는 이화원 시절 함께 사진을 찍었던 해양에게 일기책을 보내주며 이렇게 적었습니다.

"永懷金學鐵(김학철을 영원히 그리워하며)."

10부

연변에서 주덕해와의 인연

1953년, 주덕해 주장(州長)이 연변(延邊, 옌볜)에서 문련(문학예술계련합회)을 창설하면서 북경의 김학철을 초대(初代) 책임자로 초청했습니다. 그렇게 김학철은 북경의 '호화'로운 생활을 뒤로하고 가족과 함께 연변으로 가게 됩니다.

주덕해는 원래 흑룡강 밀산에서 항일 빨치산 활동을 했습니다. 그때 왕련이라는 절친한 전우가 있었지요. 두 사람은 훗날 연안에서 조직의 파견으로 모스크바에 군사 유학을 갔는데 주덕해는 육군을 배우고, 왕련은 공군군사학원을 다녔습니다. 졸업 후 두 전우는 다시 연안으로 돌아왔고, 이후 왕련은 연안의 첫 인민 비행장 설치 및 중국 인민 공군 창립에도 기여했습니다. 중국 인민 해방군 공군 역사에 그 기록이 남아 있습니다. 주덕해는 조선의용군의 일부(5지대)를 인솔해 하얼빈에 갔다가 다시 연변으

| 1955년 연길 아들네 집을 찾은 김학철의 어머니 김상련이 며느리 김혜원, 손자 김해양과 함께.

로 진출하여 연변조선족자치주 초대 주장이 되었습니다. 왕련은 광복 후 평양에서 공군을 창설하고 첫 공군사령원이 되었습니다.

하루는 왕련이 조선의용대 전우인 김학철의 집에 놀러 왔습니다.

"어, 학철 동무. 자네 누이동생 미인이네. 나한테 줘요."

그가 김학철의 누이동생을 보고 홀딱 반한 것입니다. 하여 왕련은 김학철의 매부가 되었습니다. 왕련은 공군사령원으로 훗날 연길비행장(당시 조선 공군 후방 기지로 사용)을 시찰하러 올 때 장모님, 즉 김학철의 어머니를 모시고 오시기도 했습니다.

왕련은 연변에 오면 당연히 옛 친구 주덕해와 만나곤 했습니다. 덕분에 주덕해는 북경에 있는 김학철이 전우 왕련의 처남이고 김학철의 책이 북경에서 10만 부나 팔렸다는 것을 알게 되었습니다. 김학철을 연변문련의 책임자로 초청하게 된 이유 중의 하나이지 않을까요. 더욱이 김학철의 남경 화로강 시기 전우 최채도 당시 연변의 2인자였기에 함께 초청했습니다.

그리하여 김학철은 가족을 데리고 연변으로 가게 되었고 연변에서의 창작 활동을 시작합니다. 바로 이 시기 전국 각지에 산재해 있던 우리 민족 작가들이 당시 조선인의 정치, 경제, 문화의 중심지로 부상하는 연길에 집결하기 시작했습니다.

이때 흑룡강성 목단강과 하얼빈 지역에서 김례삼, 김태희, 최수봉, 김동구, 리홍규, 임효원, 황봉룡, 최현숙 등이, 길림성 통화(通化) 지역에서 백남표, 최정연이, 관내 항일 근거지에서 최채, 정길운 등이 연길로 왔습니다. 이들은 '본토박이' 리욱, 김창걸, 현남극, 채택룡, 서헌, 마상욱, 설인, 김순기, 홍성도, 김창석, 주선우 등 작가들과 합세하여 새로운 연변 문단을 형성했습니다.

1950년 1월에 최채, 김동구 등의 발기로 연변문예연구회를 결성했다가 1951년 4월에 해체하고 다시 김동구를 주임으로 하는 연변문학예술계련합회 주비위원회를 결성했습니다. 그 산하에 문학, 연극, 무용, 미술, 음악 등 5개 부를 두었습니다. 기관지로 《연변문예》를 3호까지 발간했는데 주필은 김동구, 편집위원은 김동구, 김순기, 채택룡, 리홍규였습니다.

바로 그 무렵, 김학철은 연길에 와서 문학예술계련합회 주비위원회 주임직을 맡았습니다. 그러나 적성에 맞지 않음을 깨닫고 반년 뒤인 1953년 6월 사표를 낸 뒤 전업 작가로 창작에 전념했습니다.

연변에서 작품 활동을 이어가던 김학철은, 그러나 어느 날 갑자기 붓을 꺾게 됩니다. 중국의 반우파운동 시작으로부터 문화대혁명이 끝나는 20여 년 동안 문학 창작을 부득이 중단할 수밖에 없었던 것입니다.

《해란강아, 말하라!》 창작 초기였던 1950년대 초, 김학철은 용정 해란강 지역 농민들과 몇 주간 함께 생활했다.

부인 김혜원이 1955년 연길에서 찍은 김학철 부자의 사진.

    1960년대 초, 김학철의 집도 먹을 것이 태반 모자랐습니다. 어떤 때는 부인 김혜원 여사가 나무껍질을 벗겨 와 우려서 가루를 내고 거기다 옥수숫가루를 섞어 먹기도 했습니다. 다행히 김학철이 작가협회 도서관에서 일하게 되었지만 그는 아들 김해양을 좀 더 먹이겠다고 점심 한 끼를 굶었습니다. 그런 사실을 김해양은 전혀 몰랐습니다. 그때 작가협회와 문화처가 한 건물에 있었는데 문화처 과장 박찬구는 김학철이 점심마다 굶는 것을 보고 도시락을 한 몫 더 챙겨 와서 나누어 먹곤 했습니다. 그 일로 김학철은 박찬구 선생과 영원한 친구가 되었고 김학철의 두만강 마지막 길에 박찬구 선생도 동행했었습니다.

    원래 주덕해, 김학철과 최채 세 사람은 '장기 귀신'이었습니다. 쉬는 날이면 주덕해는 자택에 찾아오는 손님들을 피해 김학철네 집에 와서 셋이 함께 장기를 두면서 옥신각신 다투는 것이 재밋거리였습니다. 상대적으로 하수인 김학철과 최채가 늘 한편을 먹었는데 중요한 고비에서 최채가 훈수를 들려고 하면 주덕해는 막느라 야단이었습니다.

    김학철이 '정령, 진기하 반당 집단' 사건의 여파로 우파 분자가 되면서

| 1930년대 중국 길림성 연길시 국자가(街)의 번화한 모습.

마주 앉기 힘들어지자 주덕해는 밤에 몰래 통신원을 보냈습니다. 채소가 금값인 그 시기에 배추랑 감자를 김학철네 집에 보내주기도 했지요.

아들 김해양이 소학교(초등학교)를 졸업하면서 중학교 입학시험을 치렀을 때 일입니다. 평소 학급에서 1, 2등을 다투던 아이였는데 받아 온 입학통지서를 보니 지역의 일류 중학교가 아니었습니다. 하여 김학철은 주덕해에게 하소연했습니다.

"내가 벌 받는 건 그렇다 하겠지만 아들까지 영향을 받아야 하겠어요?"

그 말에 주덕해도 깜짝 놀랐습니다.

"어쩌면 그런 일이 있을 수 있느냐?"

며칠 후 주초생위원회(州招生委員會, 학생 모집 담당 부서) 주임이 부하를 데리고 갑자기 김학철의 집에 찾아왔습니다. 그는 김해양에게 "어느 학교

주덕해의 집 마당에서. 앞줄 주덕해의 아들 주양일과 딸 주영채(오영채), 뒷줄 남승희(남명학의 딸), 김해양, 최위덕(최채의 아들).

로 가고 싶냐?"고 물었습니다. 그리하여 김해양은 뜻밖에도 '연길시 1중'에 가게 되었습니다. 지금도 김해양은 주덕해의 딸 오영채와 연락을 주고받으며 아버지 대의 우정을 이어가고 있습니다.

주덕해의 본명은 오기섭(吳基燮)입니다. 그래서 주영채는 오영채로 바뀌었지만 김해양은 아버지 김학철이 황포군관학교 시절 바꾼 김씨 성을 그냥 유지하고 있습니다.

김학철은 로산회의에서 시대적 착오로 반혁명 분자가 된 항일 전쟁 시기의 상사 팽덕회를 위하여 장편소설을 썼습니다. 팔로군사령부 주둔지에서 팽덕회의 조선의용대 환영 연설을 듣던 그날부터 팽덕회는 김학철의 영원한 우상이었습니다. 이로써 문화대혁명 시기 김학철은 10년간 옥살이를 하게 됩니다.

| 수많은 풍파로 30년의 세월이 지난 1989년의 김학철 일가.

　김학철은 7년간 연길 유치장 생활을 거쳐 돈화 추리구 감옥에서 3년을 버틴 후, 1977년 12월에야 만기 석방됩니다. 그때 아들이 마중을 갔습니다. 감옥에서 추리구 기차역까지 약 4킬로미터인데 그때만 해도 버스는 다니지 않고 트럭도 별로 없었습니다. 다행히 평판마차(平板馬車) 한 대가 정거장 쪽으로 가고 있었습니다. 평판마차란 두 바퀴 위에 달랑 넓은 널빤지만 있는 마차입니다. 마차꾼이 친절하게 김학철 부자를 보고 앉으라고 했습니다. 정말 고마웠습니다. 쌍지팡이를 옆에 놓고 외다리를 걸치고 앉은 김학철은 매우 즐거워했습니다. 먼 곳에서 물결처럼 흘러가는 산언덕하며 겨울의 따스한 햇볕, 그리고 자유의 공기가 그토록 좋았던가 봅니다.
　"희생된 전우들을 세상에 알려야 해. 내가 안 쓰면 영원히 력사에 묻혀

버리고 말 거야. 그들은 피와 청춘을 이 땅에 바쳤어."

이것은 장편소설 《격정시대》가 이 세상에 탄생하게 된 까닭입니다. 작가의 새로운 수업이 시작되었습니다.

세월이 강물처럼 흐른 어느 날, 또 하나의 기적 같은 일이 느닷없이 일어났습니다. 서울에서 기자들이 방문 왔는데 그들의 노트북 화면에 웬 영상 편지가 나타난 것입니다.

"학철아! 네가 살아 있다니 너무나 신기하다!"

일본 나가사키 감옥의 동창 송지영의 모습이었습니다. 그는 울먹이면서 부하 직원들에게 영상 편지와 책을 보낸다고 했습니다. 그 책이 바로 한국에서 출판된 《격정시대》였습니다. 김학철은 그때까지 한국에서 《격정시대》가 출판된 줄도 모르고 있었습니다. 수교 전의 해적판 《격정시대》가 조정래의 《태백산맥》과 함께 당시 대학생들의 필독서가 되었다고 했습니다.

송지영도 한국에서 출판된 《격정시대》를 보고서야 감옥 동창 김학철이 중국에 살아 있는 것을 알게 되었습니다. 송지영은 당시 한국 KBS 방송국의 제1대 사장이었는데 흥분한 나머지 연회장에서 지갑을 몽땅 털어 공중에 날리면서 "내 친구 김학철이 중국에 살아 있다!"라고 소리쳤다고 합니다.

11부

작가 김학철의
작품 세계

김학철은 첫 우리말 장편소설 《해란강아, 말하라!》(상·중·하, 1954)를 비롯해 단편소설집 《새집 드는 날》(1953), 《고민》(1957), 중편소설 《번영》(1957)을 출간합니다.

그 외에 로신의 중편소설 《아Q정전》(1953), 단편소설집 《고향》 《축복》(1955), 정령의 장편소설 《태양은 상건하를 비춘다》(1953)를 우리말로 번역해 출간하지요. 김학철은 광복 후 중국에서 처음으로 우리말로 로신의 작품을 번역 출판한 작가입니다.

《해란강아, 말하라!》는 일제강점기 연변 지역 조선인들의 항일 투쟁을 소설화한 것으로, 그 창작의 흐름은 서울에서부터 시작됩니다. 서울에서 창작한 〈담배국〉〈밤에 잡은 포로〉 등 10여 편의 작품들도 대부분 중국 항일 전쟁 시기 우리 민족의 피어린 투쟁사를 다룬 작품들입니다.

| 김학철이 번역한 로신의 작품들(중국 신화사).

| 정령이 사인하여 김학철에게 보낸 《태양은 상건하를 비춘다(중국어판)》와 김학철의 번역본.

　　김학철은 출옥한 후에도 몇 해를 무직 상태로 있다가 문정일이 호요방에게 제안하고 그것이 최고법원으로 전달되어 1980년 12월에 드디어 완전 복권되었습니다. 65세에 창작의 절정기를 맞은 김학철은 글쓰기가 고

| 작가의 운명.

되기도 했지만 또 무척 즐거웠습니다.

이즈음 김학철은 남은 생의 한계를 느꼈습니다. 그래서 '한인막고문(閑人莫敲門)'이라고 한가한 사람은 문을 두드리지 말라는 패쪽을 문앞에 걸어놓고 형식적인 인사를 위한 방문은 사절했습니다.

전기문학《항전별곡》(1983),《김학철 단편소설집》(1985),《격정시대》(상·하, 1986)가 줄줄이 출판되었는데《격정시대》는 현재까지 국내외 6개 출판사에서 8개 판본으로 재판되었습니다.

김학철은 철저한 사회주의자로서 사회 진보를 위해 인민의 자유와 해방 그리고 민주 권리를 지켜주어야 한다는 사명감을 시종 잊지 않았습니다. 하여 소설 창작 외에 잡문, 수필을 무기로 불의에 도전했습니다.

김학철은 1956년에 처음으로 잡문〈한약과 소설〉을 발표했으나 그의

| 조정래 작가 연변대학 방문 때 김학철, 정판룡 등과 함께 연변대학 정문에서.

| 김학철 선생 문학 창작 50주년 기념 좌담회 단체 사진.

본격적인 로신 잡문식 산문 창작은 1985년 〈한담설화〉를 발표하면서 시작됩니다. 이때부터 그는 산문 창작을 통해 자신의 독특한 인생관과 문학관으로 사회 비리 비판에 앞장섰는데, 1998년에 그는 〈나의 고뇌〉라는 수필에서 다음과 같이 밝혔습니다.

철저한 사회주의자 김학철에게 로신식 문학은 인간의 자유와 민주 권리를 지키기 위한 무기였다.

…… 소설하고는 영결이다. 반면 산문하고는 찰떡 궁합, 아예 해로동혈[46]을 할 작정이다.

아마도 얼마 남지 않은 인생의 촉박함과 변화무쌍한 현실이 작가로 하여금 느긋한 소설보다 쾌속 반응을 기할 수 있는 산문 창작에 전념하게 한 것 같습니다.

김학철은 평생 400여 편의 산문을 썼습니다. 김학철 산문의 경우에 회상기와 잡문, 수필이 대부분의 비중을 차지하고 있지만 이외에도 기행, 수기(手記), 수상(隨想), 칼럼, 잡필, 창작담 등도 적지 않습니다.

---

46) 偕老同穴: 살아서는 같이 늙고 죽어서는 한 무덤에 묻힌다는 뜻.

| 상해 홍구공원(지금의 로신공원)의 로신 동상과 함께.

　상해의열단 시절부터 김학철의 가슴속에는 로신이 우상으로 자리 잡고 있었습니다. 물론 김학철에게 영향을 주었고 그가 존경했던 문학가, 철학자, 음악가, 미술가, 정치가들은 많았습니다. 김학철은 사마천, 오경재, 조설근, 로신, 홍명희, 발자크, 톨스토이, 고골, 숄로호프, 베토벤과 제정 러시아의 화가 레핀 등을 열광적으로 사랑했지만 그중에서 단연 제일가는 스승은 로신이었습니다.

　김학철은 1934년 일본 잡지를 통해 로신을 알게 되었고 몇 해 후 상해에 있을 때 로신의 작품을 본격적으로 읽기 시작했습니다. 또한 로신의 작품을 번역하면서 많은 것을 배웠습니다. 김학철은 《고사신편(故事新編)》을 제외한 로신의 소설을 거의 다 번역했습니다. 그는 번역이라는 재창작의 고된 작업을 통해 로신의 품격 높은 영혼과 대화를 했던 것입니

로신과 아들 주해영.

김학철은 상해에서 로신을 만나지 못한 여한을 훗날 북경에서 주해영을 만나는 것으로 조금이나마 해소했다.

다. 김학철의 책상 위 책장에는 《로신전집》 10권이 항상 꽂혀 있었습니다. 김학철은 표지가 닳도록 그 책들을 읽고 또 읽었습니다.

1997년 김학철은 다년간의 로신 연구에 기초해 연변의 문인들을 상대로 〈로신의 고뇌〉라는 테마의 특강을 하기도 했습니다. 강의에서는 로신을 사숙하게 된 경위부터 시작해 그의 사상과 작품 세계에 대해 깊이 분석한 바를 전했습니다. 김학철은 로신이 최후 3년 동안에 쓴 《차개정잡문》을 보풀이 일 정도로 보았다고 하면서 로신을 존경하는 이유를 다음과 같이 밝혔습니다.

항상 백성을 위해서 좀 무엇인가 말할 필요를 느낀다. 로신은 그렇게 한 사람이다. 그래서 나는 로신을 존경한다. 또 우리가 지금까지 로신을 기리는 원인도 바로 거기에 있다. …… 작가는 불같이 일어나야 한다. 가슴속에 타는 불이 없으면 아무것도 쓸 수 없는 게 작가다. 불

| 김학철의 정이 그대로 숨쉬는 그의 낡은 책상을 다시 찾은 김호웅 교수.

이 있어야 쓰게 된다.

또한 김학철은 특강에서 에세이는 영국의 수필을 제일로 간주하면서 그 특징은 한마디로 솜뭉치에 싼 바늘과 같다고 했습니다. 그리고 로신은 함축성 있게 쓰는 영국 수필과 중국 위진(魏晉) 문학의 전통을 결합해 '철인의 예지와 문학가의 열정이 융합된 참된 에세이-수필'을 개발했다고 하면서 로신 잡문의 특징을 명쾌하게 설파했습니다.

김학철은 특강의 결론 부분에서 로신의 정신을 본받아 참된 작가의 사명을 자각해야 한다고 지적했습니다.

우리가 여태 살아온 인생을 가만히 생각해보면 정말 편안하게 살자

| 김학철의 서재에서 앙천대소하는 김학철과 그가 가장 신뢰하는 후배 김호웅 교수.

면 불의에 대해 모르는 척하면 된다는 걸 알게 된다. 그러나 사람답게 살려면 불의에 도전 안 할 수가 없다. 다시 말해 우리는 로신 정신을 배우고 그 정신을 살려야 하겠다. 바로 우리 현실에 대해 말 좀 하고 살자는 것이다.

김학철의 문학 작품은 주요하게 두 종류로 나눌 수 있습니다. 하나는 몸소 겪은 항일 전쟁의 역사와 피 흘려 싸우고 희생한 전우들에 대한 기록이며 다른 하나는 광복 후의 사회주의혁명과 민주주의를 위한 작품들입니다.

항일 전쟁에 관한 작품으로는 《격정시대》와 《항전별곡》이 대표작인데 《항전별곡》은 한국에서 '빨치산 문학의 기원'으로 공인되고 있습니다. 역

연변인민출판사에서 정리하고 출판한 김학철 전집 일부.

사학자들은 《항전별곡》에 대한 많은 연구 논문으로 중국에서의 의열단과 조선의용대의 역사를 재조명했습니다. 또한 《항전별곡》이 중국어판 《김학철 문집》 제1권으로 출판되어 중국 독자들의 주목을 끌었습니다.

김학철이 글을 쓰던 책상은 지금도 원형 그대로 소중히 보존되어 있습니다. 그 책상 모서리는 작가의 팔꿈치에 닿고 닳아 각이 사라지고 칠이 벗겨져 반질반질합니다. 이 책상에서 《격정시대》《항전별곡》《최후의 분대장》 등 수많은 작품들이 탄생되었습니다.

김학철은 세상을 뜨기 며칠 전인 힘든 나날에도 이 책상 앞에 아들 김해양과 나란히 앉았습니다. 그러고는 조선의용대 성립 기념사진 속 인물들을 돋보기로 일일이 확인하면서 황포군관학교 시절 이름과 본명 그리고 본적을 밝혀놓고 김해양더러 기록하게 했습니다. 다시는 그 누구도 할

| 김혜원의 내조가 없었으면 김학철의 창작은 불가능했다.

수 없는 역사의 증언이었습니다.

　김학철은 평소 창작할 때 중요한 어휘나 구절은 꼭 어원을 찾아내 확인했습니다. 김학철 창작 언어의 기준이 되는 중요한 사전들로는 평양에서 출판된 여섯 권으로 이루어진 《조선말대사전》, 한국 이희승의 《국어대사전》, 일본에서 출판한 《광사림(广辭林)》과 《광사원(广辭苑)》이 있습니다. 김학철은 이 사전들의 새로운 판본이 나오면 꼭 사서 교체했습니다. 이 중 일본어 사전은 가격이 만만치 않아 부담이 되었지만 그래도 게을리하지 않았습니다. 김학철은 이 사전들이 아령처럼 자신의 육신을 건강하게 지켜줬다고 농담조로 말하기도 했습니다. 수시로 외다리로 일어서서 그 무거운 사전들을 꺼냈다 넣었다 하는 것이 특유의 운동이었습니다.

　김학철에게 또 하나의 중요한 사전이 있었으니 그것은 바로 홍명희의

| 김학철과 그의 사전들.

《림꺽정》입니다. 김학철은 《림꺽정》을 거의 외우다시피 했습니다. 간혹 출판사 편집자가 연락해서는 어떤 단어가 《조선말대사전》에도 없고 한국 사전에도 없으니 어떡하면 좋겠냐고 조언을 구하면 김학철은 《림꺽정》 몇 권, 몇 페이지를 보라고 답하곤 했습니다.

이처럼 김학철은 언어에 대해서 엄격했고 출판사 편집자들도 김학철의 문장은 단 한 구절을 고쳐도 꼭 문의한 뒤 고쳤습니다.

김학철 문학의 원천은 평생에 걸쳐 꾸준히 해온 독서에서 온 것이라 해도 과언이 아닙니다. 김학철의 일생은 끊임없는 열광적인 독서로 장식되어 있습니다. 소학교 시절 일본어로 된 세계문학 전집을 통독했던 것이 그의 문학 인생이 시작한 지점이었습니다. 하여 김학철은 일본어를 모국어인 우리말처럼 쓸 수 있었습니다.

| KBS 라디오 드라마 〈격정시대〉 제작 현장.

    김학철은 책상머리에 앉아서 손이 닿는 책장에 《로신전집》열 권과 홍명희의 《림꺽정》여섯 권(평양 출판)을 두고 닳도록 읽었습니다. 또 《홍루몽》도 외울 정도로 자주 읽었습니다. 그는 《홍루몽》이 중국 사회의 백과사전이라 했습니다. 신기한 것은 일반인이 읽기 힘든 중국의 《사기(史記)》를 그렇게나 좋아했습니다. 숄로호프와 톨스토이의 작품도 생명같이 사랑했습니다. 서울에서 평양 그리고 북경, 연길까지 가지고 간 유일한 귀중품이 숄로호프의 일본어판 《고요한 돈강》입니다.
    독서에 대한 광적인 애착과 문학에 대한 불같은 사랑이 없으면 작품을 쓸 수 없다고 김학철은 생각했습니다. 문학에 대한 사랑, 백성들에 대한 애정, 역사에 대한 책임감, 이런 것들이 김학철 문학의 살과 피가 되지 않았을까요?

김학철 전집 제9권 《범람》에는 초창기 작품들이 대부분 수록되어 있다.

　김학철의 일과는, 여름엔 이른 새벽 서너 시에 일어나 집 부근에 있는 강둑에 나가 아침 운동을 하며 시작되었습니다. 일생을 동반한 쌍지팡이를 짚고 산책을 하고 체조를 한 뒤, 돌아와서는 글을 썼습니다. 점심에는 잠깐 낮잠을 자고 오후에 다시 글쓰기를 다그치는데 제한된 여생이 아까웠습니다. 저녁에는 주로 독서와 신문(《인민일보》와 《문적보(文摘報)》) 읽기로 시간을 보냈습니다.

　중국의 《유림외사(儒林外史)》 《관장현형기(官場現形記)》도 정말 좋아했는데 《유림외사》를 우리말로 번역까지 하여 출판사에 내어주기도 했습니다. 한데 문화대혁명 때 원고가 분실되어 출판되지 못한 것이 그야말로 아쉽습니다.

톨스토이, 숄로호프, 발자크, 유고의 작품에 대해 많은 이야기를 했는데 가족이 함께 식사할 때면 그 소설 속 주인공들이 수시로 식탁에 동석했습니다. 프랑스대혁명에 관한 역사책과 소설들도 큰 인기를 누렸습니다.《고요한 돈강》에 대해서 김학철은, 숄로호프가 교조주의적이 아닌 사실주의 창작 방법으로 소비에트 혁명을 묘사했는데 주인공이 당시 소련 적군 부대와 백군 사이를 들락날락하는 농민 계급의 이면(异面)적인 본성을 그대로 그려냈고 그 밑바탕에는 인간에 대한 깊은 사랑이 흐른다고 말했습니다.

정령이 김학철의 연변 자택에 와서 이야기를 나눌 때 김해양도 옆에서 경청했습니다. 정령은 문학이란 바로 인간을 쓰는 것이라고 말했습니다. 정령과 숄로호프 작품의 공통점이 바로 밑바탕에 인간에 대한 사랑이 깔려 있다는 것입니다. 이것 또한 김학철이 문학 후배들에게 알려주고 싶은 주안점이라 생각합니다.

12부

두만강에서의 마지막 길

　김학철의 마지막 여행은 김원봉과 석정의 고향인 한국 밀양을 방문한 것입니다. 그때 김학철은 한중 조선의용대 연구 세미나에 참석하여 강연을 했습니다.
　2001년 6월 3일, 김학철은 밀양시 야산의 가파른 산기슭에 묻힌 박차정 여사의 묘소를 찾아 참배했습니다. 박차정 여사는 조선의용대 대장 김원봉의 부인으로 당시 김학철을 동생처럼 아꼈고 김학철 또한 그녀를 누님처럼 따랐습니다. 이날 박차정 여사의 묘소에서 김학철은 김원봉 대장의 막냇동생 김학봉(69세), 박차정 여사의 조카 박의영(54세) 씨 등 유가족을 만났습니다. 김학철은 박차정 여사의 무덤 앞에서 눈물을 흘리며 하직 인사를 올렸습니다.
　"누님! 제가 부하로서 약산 선생을 잘 못 모셔서 비참한 최후를 맞았습

| 김학철의 마지막 여행 중 아들과 함께.

니다. 앞으로 언제 다시 찾아뵐 수 있을지 모르겠지만 하늘나라에서 편히 계십시오."

다음 날 김학철은 밀양시 시청에서 사인회를 가지고 조선의용대에 관한 강연을 했습니다. 그 자리에서 그는 감개무량해서 말했습니다.

"조선의용대의 메카인 밀양을 정신적 고향이라고 생각해왔습니다. 평생 방문하고 싶었던 밀양을 찾았고 우리 대장님의 유가족까지 만났으니 이제는 소원을 풀었습니다."

김학철은 석정 윤세주 열사 탄신 100주년 기념 국제 학술회의에 참석하고 서울로 올라갔습니다. 그러나 서울 적십자병원에서 치료를 받던 중 불의의 사고로 몇 개월 입원 치료를 받고 다시 연길로 돌아갔습니다. 안타깝게도 병세는 호전될 기미가 보이지 않았습니다. 이때 김학철 스스로

| 서울 적십자병원에서 안경환 선생의 아들과 멋진 사진을 남겼다(2001년).

갈 때가 되었다고 생각했습니다. 주변에서 그를 병원에 모시고 가려고 하자 한사코 거절하였고 자택에서의 약물 복용도 마다했습니다.

작품을 더는 쓸 수 없다면 나의 인생은 끝난 것이다.
한명(限命)을 아는 것이 영웅이다.

이런 말을 남긴 김학철은, 어느 날 갑자기 식사도 중단하고 담담히 존엄한 죽음을 맞이했습니다. 그의 결단을 그 누구도 막지 못했습니다.
그 안타까운 나날 속의 어느 날, 문 두드리는 소리가 나서 나가 보니 뜻밖에 오오무라 선생이 서 있었습니다. 연락도 하지 않았는데 오오무라 선생 부부가 찾아온 것입니다. 텔레파시가 통했나 싶을 정도로 깜짝 놀랐습니다. 부부는 김학철의 마지막 모습을 보고 슬피 울었습니다. 그날 오오무라 선생 부부와 함께 찍은 사진이 김학철 생애의 마지막 사진으로 남았습니다.

돌아가실 때 김학철은 유언을 남겼습니다.

> 부고를 내지 말고 조용히 장례를 치르라. 고향 원산으로 가고 싶다. 화장을 하여 우편 박스에 넣어 두만강에 띄워 원산 앞바다로 보내다오.

그리고 두만강으로 가는 길에 듣고 싶은 노래들을 정해주며 음악 테이프를 만들라고 했습니다. 〈조선의용군 추도가〉 〈황포군관학교 교가〉 〈가거라 38선〉 외 우리 민요 10여 곡이었습니다. 마지막 가는 길, 두만강 물결에 실려 흘러가는 노래를 미리 듣고 떠난 김학철!

2001년 9월 25일 오후 3시 39분, 김학철은 이 세상과 조용히 작별했습니다. 총탄이 빗발치던 항일 전쟁터에서 힘차게 고동치던 그의 심장이, 파란만장한 일생을 힘차게 살아온 그 심장이 조용히 멈추었습니다. 순간 눈가에서 밝은 눈빛이 마지막으로 빛났습니다. 그의 의식은 끝까지 한 점 흐트러짐이 없었습니다. 21일 동안 금식하던 낮과 밤, 그렇게 삶에 미련 없이 김학철은 떠나갔습니다.

> 사나운 비바람이 치는 길가에
> 다 못 가고 쓰러진 너의 뜻을
> 이어서 이룰 것을 맹세하노니
> 진리의 그늘 밑에 길이길이 잠들어라
> 불멸의 영령

 2001년 9월 27일 오전 10시, 연길 동북쪽 시교에 자리 잡은 빈소에서 김학철 선생의 화장 의식이 조촐하게 진행되었습니다. 김해양 부부 외에 김학천, 서진청, 김호근, 손문혁, 리성권, 장정일, 조성희, 남영전, 장일민, 조룡남, 박찬구 등 작가와 고인의 친우들이 참석했습니다.
 김학철은 중산복을 입은 채 잠든 듯 조용히 누워 있었습니다. 중산복 위에는 중국공산당 당기가 덮여 있었습니다. 백발이 성성하던 머리는 삭발로 사라졌지만 김학철의 얼굴은 여전히 혈색이 도는 듯했고 꼬박 21일 동안의 단식으로 푹 꺼져들어간 두 눈, 불거진 광대뼈며 뾰족한 턱, 유난

| 김학철이 고향으로 떠나간 두만강가에서 아들과 그의 사랑하는 손녀가 작별한다.

히 높아 보이는 콧마루며 한일자로 꼭 다문 입…. 한 점 흐트러짐이 없는 모습은 하나의 조각상을 방불케 했습니다. 김학철은 자신을 조선의용군의 한 보통 전사로 되돌려보냈습니다.

2001년 9월 27일, 가을해가 뉘엿뉘엿 지고 강물이 금빛으로 물들기 시작할 무렵, 두만강 강기슭에 지난 6월 밀양에서 강연할 때 걸었던 현수막이 펼쳐지고 그 위에 우편함과 김학철의 자서전《최후의 분대장》그리고 김학철의 사진이 놓였습니다. 연변작가협회 김학천 주석이 사회를 맡았고 김해양이 아버지를 고향으로 보내는 글을 읽었습니다.

금방 어둠이 깃들었습니다. 달도 유난히 밝았습니다. 달빛 아래 두만강은 은빛으로 빛났습니다. 유유히 흐르는 두만강 물결은 지칠 줄 모르는 한 영혼을 싣고 저 멀리 동해로 떠나갈 것입니다. 말없이, 끊임없이. 두만강 기슭에서 조선의용군 최후의 분대장을 보내며 조용히 불렀습니다.

아버지! 지금 이렇게 두만강까지 왔습니다.

아버지가 바라던 대로 이제 곧 두만강 물결에 실어 저 멀리 넓은 바다, 아버지의 고향인 원산 앞바다로 보내드리겠습니다. 아버지는 조선의용군 최후의 분대장으로 오늘 이 길을 떠나갑니다.

아버지가 여기까지 오기엔 너무나 긴 격정의 세월이 흘렀습니다. 상해와 남경에서 반일 테러 활동을 하실 때, 무한 조선의용대 시기에, 태항산 조선의용군 시절, 김원봉, 김두봉, 석정, 류자명의 부하로서 총을 들고 싸우셨습니다. 그 후 일본군에 의해 한 다리를 잃고 부득이 총을 붓으로 바꾸셨습니다. 그리고 줄곧 오늘까지 그 붓을 놓지 않으셨습니다. 오늘 그 붓을 함께 보내드립니다.

떠나실 때 아버지는 정말 행복하다고 하셨습니다.

아버지는 일생을 마르크스와 엥겔스 사상의 그늘 밑에, 로신의 불굴의 의지로 살아왔습니다. 전우들을 전쟁터에서 잃으시고 또 먼저 보내시고 붓으로 그들을 부활시켜 이 세상 사람들께 알려드렸습니다. 그래서 행복하다고 하셨습니다.

또한 성실하고 용감한 우리 민족의 문인들과 함께 일하셨습니다. 그분들을 대표하여 오늘 이 자리에 10여 명 문단의 동지들이 모였습니다. 그래서 아버지는 또 행복하다고 하셨습니다.

마지막으로 아들과 손자가 성실하게 자라서 행복하다고 하셨습니다. 이 자리에 어머니와 손자, 손녀가 비록 오지 못하였지만 그들이 아버지와 함께 찍은 사진은 아버지께서 마지막으로 떠나시는 모습을 끝까지, 끝까지 지켜볼 것입니다. 일생을 고생하신 어머니가 아버지를

12부 두만강에서의 마지막 길

향해 손을 흔들고 계십니다. 손자 시월이가, 손녀 서정이가 아버지를 향해 손을 흔들고 있습니다.

아버지, 이젠 그 고독하고 고달픈 인생을 잊으시고 편히 가십시오.

저 멀리 할머니가 계시는 고향으로 편히 가십시오.

이어 참석인들이 고인께 영별의 인사를 드렸습니다. 그리고 붉은 비단에 싼 고인의 골회(骨灰)를 강물에 뿌리고 반은 우편함에 넣었습니다. 그 안에 고무풍선을 넣고 봉한 후 물이 들어가지 않게 잘 포장했습니다. 우편함에는 '원산 앞바다 行 / 김학철(홍성걸)의 고향 / 가족 친우 보내드림'이라 썼습니다.

두만강 물결 위에 두둥실 뜬 우편함은 가족, 친우들이 그리운 듯 자꾸만 기슭으로 되돌아왔습니다. 조천현 기자가 허리를 치는 물속에 뛰어들어 우편함을 힘찬 물줄기로 밀어보냈습니다.

이젠 해가 지고 수면에 황금물결이 출렁이는데 우편함은 한 영웅의 영령을 싣고 먼 원산 앞바다로 흘러갔습니다. 저 멀리 지평선 너머로 종이배처럼 가물가물 사라지는 우편함을 보는 모든 이의 눈에는 눈물이 어렸습니다. 김학철은 친필 유언을 남겼습니다.

편안하게 살려거든 불의에 외면을 하라.
그러나 사람답게 살려거든 그에 도전을 하라.

우리는 김초혜의 시가 떠올랐습니다.

절름발이 현대사를

| 김학철 서거 1주기에 두만강을 다시 찾은 부인 김혜원과 작가들 그리고 친우들.

한쪽 다리로
걸어온 사람
당신은 외다리가 아닙니다.
우리의 눈에는 잘린 다리가
더 찬란하게 보입니다.
봄이 오면 죽은 풀이 살아나듯
그대의 외다리는
우리의 다리를 깨워
둘에서 넷으로 넷의 넷으로 아홉의 아홉으로
일어서게 합니다.
한 명의 배고픈 이 있어도
배부른 행복이 죄가 된다는
큰 말씀이
잘린 다리를 또 자른대도

| 중국소수민족문학관의 김학철 동상.

날마다 새롭게 솟아나는
님의 다리는
사슬이 긴 우리의 역사입니다.

부록 1

김해양의 일기 11편
– 〈마지막 스무 하루의 낮과 밤〉에서 발췌

2001년 9월 5일 수요일

미음조차 속에서 받지 않으신다. 석 달 동안 지속된 주사도 지긋지긋하시단다. 서울적십자병원에서 보내주기로 약속된 병지(病誌)도 종시(終始) 오지 않는다. 입원 치료의 기회를 놓친 듯하다.

하루 한 시도 일을 못 하시면 안달하는 성격에 석 달이란 참으로 지옥 같은 참지 못할 생활이라고 하셨다.

친필로 유서를 작성하셨다.

> 남기는 말
> 사회의 부담을 덜기 위해
> 가족의 고통을 줄이기 위해
> 더는 련련하지 않고
> 깨끗이 떠나간다.
> —김학철

병원·주사 절대 거부.
조용히 떠나게 해달라.
…….

2001년 9월 8일 토요일 ▪▪▪▪▪▪▪▪▪▪▪▪▪▪▪▪▪▪▪▪▪▪▪▪▪▪▪▪▪▪▪▪▪▪▪▪▪▪

하루 종일 물도 못 드셨다. 물을 마시면 한참이나 호흡하기 힘들어하셨다. 고통스러웠다. 식사를 전혀 못 하신 지도 나흘째.
오늘 많은 이야기를 하셨다.

"나는 일생을 허위와 신격화를 반대해 싸웠다. 모택동의 개인 숭배도 포함해서. 사회주의는 종국적으로 실현될 것이다. 맑스(마르크스)와 엥겔스의 사상은 존경을 받아야 한다. 그러할 힘도 권위도 있다. 하지만 20세기에 서둘러 최종 완성하려 했던 것이 문제로 됐다. 사회의 발전은 인위적인 요소가 아니라 법칙에 의해 진행되는 것이다. 일당 독재도 문제가 있다. 서로 견제하고 감독할 세력이 있어야 한다."

오후에 한국 염인호 교수의 부탁으로 조선의용대 창설 기념사진 속 전우들 이름을 확인하는 작업을 하셨다.
침대에서 책상 앞 걸상으로 안아서 옮겨드렸다. 확대경을 힘겨웁게 들고 콩알만 한 얼굴에서 옛 전우들의 모습을 찾기는 쉬운 일이 아니었다. 63년 전의 사진이다. 하지만 인간의 기억력이란 참으로 놀랍다. 90여 명의 대원 중 얼굴이 많이 가려진 두 명 외에 이름을 전부 확인하셨다. 그것도 별명까지. 이름을 받아쓰면서 몇 번 나누어 작업하자고 권유했지만 언제 기력을 잃을지 모른다 하시며 끝까지 견지하셨다. 절단된 다리로 균형을 잃어 몸이 자꾸 한쪽으로 쏠렸다. 아픈 눈을 비비시고 또다시 확대경을 들었다. 옆에서 지켜보느라 흐르는 눈물을 속으로 삼켰다.
"이 일을 내가 안 하면 영원히 역사의 퀴즈가 될 것이야."라고 하셨다.
침대에 옮겨 누우신 후 오랫동안 말씀을 못 하셨다.

2001년 9월 9일 일요일

마르크스와 엥겔스의 사후(死後)에 대해 이야기하셨다.

"맑스(마르크스)는 영국 하이게이트 공동묘지에 검소한 묘지 하나뿐이다. 엥겔스는 그나마 묘지조차 없다. 친우들에 의해 골회함은 영국 남쪽 도버해협에 해장(海葬)됐다. 나도 엥겔스처럼 아무 흔적도 남기지 않고 가게 해달라."

2001년 9월 13일 목요일

(생략)
읽기와 쓰기에 게으르다고 큰 꾸지람을 들었다.

"학문이란 곧 노력이다. 나나 고리끼나 다 자습밖에 더 있었느냐? 홍명희의 《림꺽정》을 외우다시피 했다. 어느 구절이 어디 있는지 지금도 기억에 생생하다. 《홍루몽》과 《로신전집》은 또 몇 번이고 읽었더냐. 오직 노력뿐이 사는 길이다. 내 일본어 실력을 너에게 넘겨주고 가지 못하는 것이 참 유감이구나."

2001년 9월 17일 월요일

오늘부터 또 물을 못 드신다. 못 드시는지 안 드시는지 판단이 안 간다.

"침대에서 하릴없이 누워 있다는 것이 얼마나 고통스러운 것인지 아무도 모를 것이야. 주사 따위를 맞으면 몇 달은 더 살겠지. 하지만 글도 못 쓰고 그게 무슨 의미가 있느냐. 다른 사람들에게 부담만 주고. 고통스러운 나날을 단축해야 한다."

어머니와 나를 불러놓으시고 다시 한번 확인하셨다.

"혼미 상태에 들어간 후 절대로 의사를 부르거나 주사를 놓지 말라. 고통을 인위적으로 연장하지 말라. 억지로 생명을 연장하는 것은 내 고통으로 천여 원 월급을 더 타먹으려는 비열한 짓이다. 내 아들답게 용감하게 성실하게 처사하라."

2001년 9월 18일 화요일 ▪▪▪▪▪▪▪▪▪▪▪▪▪▪▪▪▪▪▪▪▪▪▪▪▪▪▪▪▪▪▪▪▪▪▪▪▪
"나는 참 행복하다. 그 치열한 전쟁터에서 살아남아 하고 싶은 일들을 마음껏 했다. 아들 손자 다 성실히 잘 자랐고. 집에서 침대에서 죽을 수 있다는 것이 행복하다. 조용히 가게 해달라."

2001년 9월 19일 수요일 ▪▪▪▪▪▪▪▪▪▪▪▪▪▪▪▪▪▪▪▪▪▪▪▪▪▪▪▪▪▪▪▪▪▪▪▪▪
한밤중에 갑자기 나를 불러다 놓고 하시는 말씀.

"오직 손자에게 미안하다. 손자의 가슴을 아프게 한 것이 한이 된다."

2001년 9월 21일 금요일

머리를 아주 빡빡 깎으시겠다고 하신다. 농담조로 "최후의 분대장 머리 깎고 조선의용대에 복귀한다."고 하셨다. 전우들이 다 가 있는 곳으로 말이다. 깎으신 머리에 처음 보이는 칼자국이 나타났다. 문화혁명 시기 홍위병들이 쇠몽둥이로 쳐서 머리가 터진 자국이라 하셨다. 그때 온몸이 피투성이인데 약 발라주는 사람 하나 없었다. 피가 말라붙기를 기다릴 수밖에 없었다. 그것도 외다리로 절름거리며.

일본 감옥에서의 이야기도 나왔다. 전향서를 쓰지 않는다 해서 부상당한 다리를 치료해주지 않았다. 3년하고 또 6개월 동안 피고름을 흘리면서 독방에서 지내야 했다. 상처에서 생긴 구더기를 젓가락으로 골라내노라니 참고된 인생이었다. 결국은 감옥장이 바뀌면서 해방 전야에 다리를 절단하였다. 그로써 60년 동안 외다리 인생이 되었다.

> "잘린 다리는 일본 감옥에 묻혀 있다. 그러니 나는 무덤이 이미 하나 있는 신세구나. 하하하."

집에서 깨끗이 목욕을 해드렸다. 여윈 몸을 보고 내가 가슴 아파하자 "강 건너 북조선에선 사회주의 반세기에 굶어 죽는 사람 많지 않느냐! 천하에 부모를 보내는 마음 다 같다."고 격노(激怒)하셨다.

그렇게도 사랑하던 손녀를 가까이 오지 못하게 하신다. 평소의 인자한 모습을 손녀의 기억 속에 남기고 싶으신 듯하다.

2001년 9월 22일 토요일

"아버지를 귀국하시자마자 입원시키지 않은 것이 두고두고 후회될 것입니다."

"너는 용졸한 인간이다. 내 뜻을 끝까지 리해하지 못하는구나. 한명(限命)을 아는 것이 영웅이다."

제일 힘드신 것이 목이 마르는 일이었다. 물을 조금씩 입에 물었다가 조심조심 뱉어내셨다. 그러고는 "어 시원해! 어 시원해!" 감탄을 하시는 것이다.

"하룡(賀龍)이 창살 밖의 빗물을 받아 마시다 목말라 세상을 하직했는데 내가 그 신세 아닌가."

색깔이 변해가는 외다리를 보시며 "내 손과 발이 먼저 죽어가는구나."라고 태연자약하게 말씀하셨다.
…….

2001년 9월 24일 월요일

그렇게도 강한 의지가 사라지기 시작했다.
예리하고 비웃는 듯한 눈빛이 흐려지기 시작했다.
참고 참던 눈물이 솟아나왔다. 내 눈물을 사이 두고 두 눈빛이 부딪쳤을 때 아버지는 눈을 감아버렸다. 그것으로 눈길을 피하신 것이다.
사나이는 눈물을 아껴야 하는데.

2001년 9월 25일 화요일

음식을 못 드신 지 스무 하루, 물을 못 드신 지 아흐레.

말씀하시기 힘드셔 손으로 의사를 표시하신다.

어머니와 나를 한 시도 옆에서 떠나지 못하게 하신다. 시야에서 안 보이면 자꾸 둘러보신다. 그리고 찬 수건으로 머리를 식혀달라 하신다. 날씨는 추운데 자꾸 덥다고 하시니.

어젯밤부터 배가 아프다고 하셔 진통제를 놓아드렸다.

새벽 두 시 아픔을 견디지 못하신다. 구급차를 불렀다.

연변병원에 입원하셨다.

아버지는 명치 끝에 침만 한 대 놔달라고 호소하셨다. 아픔을 참기 힘드신 것이다. 그러나 병원에서는 아무도 소원을 들어주지 않았다.

오후 2시.

오래오래 나의 얼굴을 지켜보셨다.

아버지, 저 아버지를 사랑합니다. 비록 오늘 처음 말씀드리지만.

눈가에서 마지막 밝은 눈빛이 빛났다. 가시는 끝까지 의식은 한 치도 흐리지 않으셨다.

젖은 수건으로 아버지의 얼굴과 머리를 깨끗이 닦아드렸다. 평생을 털고 닦고, 깨끗함을 그렇게도 좋아하셨는데.

오후 3시 39분.

심장의 고동이 다시는 들리지 않는다.

부록 2

김호웅 교수가 바라본 김학철

민족의 영웅, 문학의 산맥

호랑이나 사자 같은 맹수는 격렬한 운동으로 말미암아 느린 코끼리처럼 오래 살지 못한답니다. 하지만 황포강(黃浦江) 기슭에서, 태항산(太行山) 산록에서 작탄과 총칼을 들고 혈전을 헤쳐온 투사 김학철 선생. 나가사키형무소에서, '반란 시대'의 추리구 감옥에서 14년간이나 비인간적인 삶을 강요당한 불운의 사나이 김학철 선생. 여든 평생의 반(半)은 '영웅'으로 반은 '역적'으로 살아야 했던 이 사회 비극의 주인공. 창백한 얼굴의 김학철 선생은 오늘도 청춘의 정열로 거창한 문학의 원정을 계속하고 있습니다.

대관절 무슨 힘이 그이의 수척한 육신을 받쳐주고 있으며 무엇이 그이의 만년 창작에 꺼질 줄 모르는 불씨를 던져주고 있을까요?

한마디로 그의 초인적인 정신력입니다. 김학철 선생의 정신력이 살아 있는 한 그의 육신은 무너지지 않을 것이며 또한 그의 몸과 마음이 살아 계심은 우리 문단의 더없이 큰 행운이고 기쁨입니다. 하나의 거대한 산맥이 우리 문단을 지켜주고 있기 때문입니다.

오늘은 '학철 정신'의 실체와 그 의미를 헤아려보고자 합니다.

김학철 선생은 무엇보다도 강철 같은 의지력의 화신입니다. "담배를 끊기는 쉽지요. 벌써 열 번이나 끊었다 붙였으니까요." 이런 러시아 유머도 있지만 우리 보통 인간들은 얼마나 사탄의 유혹에 쉽게 걸려들고 있을까요? 일단 악습이 붙으면 평생 그 늪에서 헤어나지 못합니다. 하지만 우리의 김학철 선생은 담배와 술과는 담을 쌓고 지내셨습니다. 담배는 심심초라는 말도 있지만 그 어두운 철창 속에서, 친척과 친구들의 발길마저 끊어졌던 절해고도의 생활 속에서는 담배가 좋은 친구가 되었을 것입니다. 고독과 슬픔을 달래는 술 한잔, 속 시원한 타락과 직통하는 술 한잔이 아니던가요?

네가 담배와 술을 배우면 '애비 없는 자식이니 별수 없지.' 하고 남들이 손가락질할 거다. 담배와 술은 배우지 말거라.

어릴 적에 홀로 계신 어머님이 하신 이 한마디 말씀을 가슴에 새기고 평생 담배 한 모금, 술 한잔 하지 않고 재미없이 살아오신 분입니다.

매일 아침 3시면 시곗바늘처럼 일어나 어두운 부르하통하(布爾合通河) 강둑에 나가 가로수를 잡고 쌍지팡이를 던지고 힘차게 운동하는 김학철 선생. 하루이틀도, 한두 해도 아닌 수십 년 동안 아침 운동을 견지했다는 김학철 선생. 그 초인적인 의지력을 당할 사람이 있을까요? 바로 이러한 의지력의 소유자이기에 오늘까지 '최후의 분대장'으로 남아 영원히 인멸될 뻔한 조선의용군의 역사를 예술적으로 재생하고 투사의 신념과 용기를 가지고 사회의 비정과 비리의 아성을 무찌르며 돌진하고 있는 것입니다.

김학철 선생은 뿌리 깊은 신념의 사나이입니다. 그의 신념은 철탑처럼 서 있어 모진 눈바람에도 꺾일 줄 모르고 광풍 폭우에도 흔들리지 않았습니다. 홍구공원에서 시라가와 대장 등을 폭사시킨 윤봉길의 거사를 통해, 원산 항만 노동자 파업 때 기적을 울려 응원해준 일본 선원들의 행동을 통해 반일 독립 투쟁의 정당성을 확인한 김학철 선생은 상해에서의 반일 테러 활동과 중앙육군학교에서의 훈련을 거쳐 공산주의 신념을 가지게 되었습니다.

그 후 장장 60여 해 동안 이 신념을 촛불처럼 지켜 수난에 수난을 거듭했습니다. 사회주의 신념이 김학철 선생에게 벼슬과 금전을 안겨준 것도 아니고 그의 호신부로 되어서도 아니었습니다. 그것이 만민에게 행복을 가져다주고 인류의 가장 원만한 미래를 약속하기 때문이 아니었을까요?

사실 김학철 선생에게는 경건한 신념의 힘과 비타협적인 비판의 힘이 모순되는 것처럼 보이기도 합니다. 하지만 자기 신념의 정당성을 확인하고 이 사회의 약하고 소외된 자들의 편에 서 있기에 허울 좋은 도둑놈처럼 집권당의 권리를 남용하여 사복을 채우는 자나 종신제의 핵보호산[47] 밑에 자리만 지키면서 호의호식하는 자는 물론이요, 나라의 '최고 일인자'를 맞대놓고도 '천안문 성루 위에 벌거벗은 황제'라고 대성질호합니다.

그러나 김학철 선생은 남을 해부하기에 앞서 자기를 먼저 사정없이 해부하는 분입니다. 김학철 선생은 인간인 이상 그 누구도 신이 될 수 없으며 성장 과정이 있게 마련이라고 겸허하게 웃음을 짓습니다. 그는 늘 어린 시절의 유치함, 청년 시절의 단순함, 초기 신앙의 치졸함을 두고 자신을 반성합니다. 하기에 그의 신념의 철탑은 녹슬지 않고 우리가 넘어야 할 세기의 지평선에 꿋꿋이 서 있습니다.

칼날 같은 지성과 비판력, 풍부한 유머 감각과 신랄한 풍자는 김학철 선생의 힘이자 그의 매력입니다. 적잖은 문인들의 경우에는 체험의 끝이 문학의 끝이었습니다. 하지만 김학철 선생은 풍부한 체험의 창고에 끊임없이 에너지를 축적할 줄 아는 작가였고 지칠 줄 모르는 독서력을 통해

---

[47] 核保护伞: 핵우산.

체험의 낟가리⁴⁸⁾에 역사적 감각과 철학적 사색의 불씨를 던질 줄 아는 우리 문학의 대가입니다. 뿐만 아니라 김학철 선생의 해박한 지식에는 혀를 내두르지 않을 수 없고 단번에 적수의 정통을 찌르는 그의 예리한 비판력과 '물에 빠진 개는 두드려 패야 한다'는 그의 페어플레이를 모르는 전투력에도 쾌재를 부르게 됩니다.

그의 넉넉한 유머, 신랄한 풍자는 독자들을 포복절도케 합니다. 김학철 선생은 〈청첩공포증〉〈인육병풍〉〈쪼로기〉〈고통의 심도〉 등의 잡문에서 사회의 비정과 비리, 고루한 인습과 악덕들을 이 잡듯 하며 우리의 문단에 가장 건전하고 통쾌한 웃음 폭풍을 무시로 몰아오고 있습니다. 참으로 그의 혜안과 슬기, 그 찬란한 미소는 이 땅의 적막을 깨뜨리는 한줄기 빛입니다.

김학철 선생의 문학은 외면당한 조선의용군의 투쟁사를 예술적으로 재현했습니다. 광복 후 일제의 감옥에서 풀려나온 김학철 선생은 갈아엎은 밭뙈기처럼 잔잔한 연변의 농민문학에 매캐한 화약 냄새와 사선을 넘나들던 영웅 사나이들의 익살과 해학, 유머러스한 에피소드를 선물함으로써 광복 전 관내 조선인 문학과 만주 조선인 문학을 통합하고 우리 문학의 내실(內實)을 기함과 동시에 일약 이욱, 김창걸과 더불어 우리 문학의 대표적인 작가로 우뚝 섰습니다.

다음으로 김학철 선생의 문학은 역시 성장 과정(좌절과 고민, 미숙으로부터 성숙에로의 과정)을 거치지만 자기성찰에 기초한 진리에 대한 집요한 추구, 사회의 비정과 비리에 대한 강한 비판력, 김학철 특유의 해학과 유머는 우리 문학의 가장 값진 유산이 되어 우리 문학을 세계적 수준으로

---

48) 낟알이 붙은 곡식을 그대로 쌓은 더미.

이끌 수 있다는 가능성을 보여주었습니다.

　김학철 선생의 잡문은 편마다 주옥이요, 편마다 비수이며 투창인데 이러한 성공을 가능케 한 주요한 요인은 무엇일까요? 물론 김학철 선생의 험난한 인생 경력, 풍부한 인생 경험과도 관련 있겠지만 그의 문학에는 홍명희를 비롯한 조선 현대 작가들의 영향과 함께 중국의 문호 로신의 잡문을 비롯한 중국의 우수한 산문문학의 영향이 잠재되어 있습니다. 김학철 선생이 조선과 중국의 역사와 고전에 해박하다는 건 더 말할 것도 없습니다. 선비는 집 안에 앉아 있어도 세상을 아는 법. 김학철 선생은 지구촌이 돌아가는 소식에도 궁색함이 없었습니다.

　말하자면 김학철 선생은 한국 문화와 중국 문화의 교차점에 서서 세계의 문화를 널리, 제때에 수렴하고 끊임없이 자신을 계발하면서 자아를 무한히 확대한 것입니다. 바로 여기에 그의 문학의 생명력이 있고 역사성과 현대성, 민족성과 세계성을 통합하여 세계문학의 거장들과 자리를 같이 할 수 있는 그의 문학의 깊이와 넓이가 있습니다.

　김학철 선생의 문학은 참으로 쉽게, 재미있게 읽힙니다. 목숨 걸고 하는 문학이기에 미사여구는 물론 상징주의요, 의식류(意識流)요 하는 수법에 신세 질 필요가 없었습니다. 마음의 목소리를 독자들에게 효과적으로 전달하고 감동을 주면 그만이었습니다.

　하지만 문학은 약이 아니니 억지로 먹일 수는 없다고 합니다. 김학철 선생은 문학의 주식(主食)은 형상이며 언어의 표현력과 유머는 문학의 반찬이라고 말합니다. 그는 다음과 같이 이야기한 바 있습니다.

　　장비(張飛)는 장비고 조조(曹操)는 조조다. 의관을 바꿔서 장비를 정승의 자리에 올려 앉혀보라. 웃음거리밖에 더 될 게 있는가. 조조를 장비의 자리로 옮겨놓아도 역시 마찬가지이다. 매개(每個) 사람이 자기의 개성, 특질, 특징을 갖고 있다. 개념적인 인간이란 존재하지 않는다. 선인형, 악인형, 당일군(黨일꾼)형, 선진분자형… 이런 판에 박은 '형'으로 산 인물을 대체한다면 그것은 문학 작품이 아니라 간부과, 인사과의 앙케트다. 작가협회 계통이 아니라 간부과, 인사국 계통이다.

또한 김학철 선생은 인물이 없는 사건은 유령의 잠꼬대라고 하면서 따분한 설교는 딱 질색이라고 했습니다.
김학철 선생은 우리말의 아름다움과 힘을 가장 완벽하게 표현한 작가이기도 합니다. 그는 우리말의 형상성과 표현력을 확신하면서 작가의 언어 수양을 강조했습니다. 그는 우리말에는 아름답고 재미있는 말들이 강변의 조약돌과 같이 많고 하늘의 별과 같이 많다고 하면서 이렇게 비유했습니다.

문학의 기본적인 바탕은 언어이므로 이것을 소홀히 여기거나 이에 대한 수양을 게을리한다면 그것은 베틀로 수를 놓겠다는 거나 마찬가지일 것이다.

우리의 고유한 속담 하나하나, 길가에 나붙은 간판 하나, 저잣거리에서 주고받는 아낙네들의 말 한마디라도 흘려 넘기지 않는 김학철 선생은 그 자신의 말마따나 '말씨에 꾀까다로운 사람'입니다. 하기에 그의 작품을 읽으면 그 맛이 그윽합니다.
김학철 선생의 친구인 김사량(金史良) 씨가 가슴에 내키지 않는 일본어로 재일 동포 문학을 시작하고 또 해외에 널려 있는 우리의 겨레들이 입에 익지 않은 외국어로 우리의 생활과 정서를 노래할 때 김학철 선생과 같은 원로들이 끈질지게 노력하였기에 우리말과 얼이 이 땅에 새파랗게 살아 숨 쉬고 있습니다.

김학철 선생은 자신의 파란 많은 일생과 강철 같은 의지, 비범한 인격, 독자적인 판단력과 유머, 풍부한 문학 성취로 하여 우리 민족 문화사의 한 산맥으로 솟아 있습니다. 그에게는 다만 진리에 대한 정신적 탐구와 사회의 진보와 발전을 추동하려는 불같은 사명감과 쉼 없는 분투, 고투가 있을 뿐입니다.

또 그는 천성적으로 강한 자를 미워하고 약한 자를 동정하며 진리를 위하여, 억압받는 자를 위하여 항변했습니다. 그는 성실성을 인간의 최고 미덕으로 알며 거짓과 허위, 아첨과 비굴을 눈이 째지게 미워했습니다.

추리구 감옥에서 풀려날 때 너도나도 만세를 부르며 눈물을 흘렸지만 김학철 선생은 이 땅의 허황한 비극을 두고 남몰래 가슴을 두드렸습니다. 43년 만에 모국을 찾았고 환대를 받았지만 입은 비뚤어도 말은 바른대로 해야 했습니다.

서울은 천당과 지옥이 병존하는 도시다.

일부러 서울 동작동 국립묘소 앞에 차를 세우고 참배해주십사 유도하는데 KBS 해외동포상에 거금의 상금을 받을 김학철 선생이 했던 매정한 말씀은 "여기 묻힌 이들 중엔 저의 친구가 없어요."였습니다.

참으로 김학철 선생의 일생은 그 자신의 말마따나 '거의 다 밤 소나기 퍼붓는 영마루에서 내일 솟을 태양을 바라보면서 살아온' 파란만장의 눈물겨운 일생이며 극한적인 상황 속에서도 정의적인 위업의 불패성을 믿고 설음과 고통, 험악한 인간의 운명을 초극한 일생이며 참된 인간의 희로애락을 문학에 옮겨놓은 일생입니다.

작품의 무게는 언제나 그것을 쓴 사람이 겪은 고통의 심도와 정비례하는 것이다.

초인간적인 의지력, 가면이나 아첨을 모르는 정직하고 솔직한 성격, 심각한 자아 반성 정신, 시류(時流)에 편승할 줄 모르는 독자적이며 끈질긴 탐구 정신, 그 어떤 권세와 폭정에도 굴하지 않고 사회의 비정과 비리를 타매해온 예리한 비판 정신, 풍부한 자기 체험에 기초한 문학의 높은 진실성, 개방되고 철학적이고 유머 넘치는 사고방식 등은 '학철 정신'의 내적 요소입니다. 그리고 초인간적인 의지력과 반석 같은 신념에 의한 분발심과 전투력은 '학철 정신'의 핵입니다.

김학철 선생은 우리의 문단의 기수이며 우리 문학의 자랑입니다. 그의 정신력이 무너지지 않는 한 90세, 100세까지 장수하실 겁니다. 최후의 분대장! 아니, 혈전만리를 달려온 우리 문단의 노장 김학철 선생의 80세 생신을 축하하며 건투를 빕니다.

1996년 11월 4일
김학철 선생의 80세 생신을 축하하며

우리 문단의 어른

나는 어느 한 글에서 김학철 선생을 '밑창 모를 괴한(怪漢)'이라고 말한 바 있습니다. 밑창 모를 괴한, 그것도 아버지뻘 되는 괴한 김학철 선생과 마치 돈키호테와 산초 판자처럼 무람없는 사이로 지내게 된 것은 언제부터였던가요? 오늘도 연구실에 앉아 부르하통하 건너의 김학철 선생의 저택을 바라다보면 선생의 얼굴과 사모님의 얼굴이, 실실 피어오르는 커피의 훈향 속에 삼삼히 떠오릅니다.

● 한가한 자는 면회를 삼가라

1987년 연변대학교의 몇몇 교수들이 《조선족문학연구》라는 논문집을 펴내기로 계획했고 나는 선배 교수님들 덕분에 〈김학철론〉을 집필하게 되었습니다. 두어 달 닥치는 대로 선생의 글들을 독파하고 선생의 댁을 찾았습니다.

그 무렵 선생의 댁은 부르하통하 북쪽, 연길시 문화극장 부근에 있는 아파트 1층에 있었습니다. 이리저리 수소문해서 곧장 찾아가니 당황스럽게도 출입문에 '한인막고문(閑人莫敲門)'이라는 팻말이 걸려 있었습니다.

'나도 한가한 놈인가?'

입맛이 좀 씁쓸했지만 조용히 초인종을 눌렀습니다. 아무런 기척도 없었습니다. 한참 기다리다가 다시 초인종을 눌렀으나 역시 아무런 기척이 없었습니다.

이때 등 뒤에서 "뉘신가유?" 하고 조용히 묻는 소리가 들려오기에 휙 돌아섰습니다. 눈이 작고 얼굴이 동그란 50~60대의 안노인[49]이 웃으며 서 있었습니다.

"선생은 아니 계신데유. 미안하지만 용무가 있으면 먼저 전화를 걸고 찾아오셔유."

또렷한 서울 말씨였습니다. 아마도 선생 때문에 고생을 많이 하셨다는 사모님인 것 같았습니다. 사모님은 어설픈 웃음을 남기고 나를 남겨둔 채 문을 열고 매정하게 들어가버렸습니다.

후일 연변인민출판사에 다니는 큰형의 소개를 받고서야 선생 댁의 '한인면진'이라는 방선을 뚫고 찾아뵐 수 있었습니다.

서향으로 앉은 서재는 광선이 어두운 고로 대낮에도 네온 전등을 켜고 있었습니다. 네온등은 탁상 위에 얹어놓은 책장 앞에 사선으로 비스듬히 걸려 있었고 선생은 흰 위생모를 쓰고 있었습니다. 글을 쓸 때 머리카락이 흘러내려서 썼다고 하지만 어쩐지 나에게는 수술대에 임한 외과의사를 방불케 했습니다.

장장 24년간이나 창작의 권리를 빼앗기고 10년간 옥살이를 하고 나왔을 때에는 나이 65세라 선생은 일분일초를 쪼개 쓰며 창작에 정진하고 있었습니다. 선생은 새벽 3시 반이면 일어나 쌍지팡이를 잡고 어둑어둑한 부르하통하 강둑에 올라가 운동을 합니다. 하루도 아닌 1년 365일 아침 운동을 한다는 것은 참으로 놀라운 일이 아닐 수 없습니다. 댁에 돌아와서

---

49) 안老人: 집안의 여자 노인.

는 녹차나 커피 한잔을 마시고 탁상에 마주 앉아 볼펜을 잡습니다. 탁상 옆에는 그의 손이 닿을 수 있는 곳에 쌍지팡이가 비스듬히 서서 친구를 해줍니다.

그러니 문단의 무료한 친구들이나 후배들이 찾아와 장시간 한담을 늘어놓고 시도 때도 없이 전화를 걸어와 시간을 빼앗는 것을 선생은 부도덕(不道德)한 짓으로 치부했던 것입니다. 아니, 더 심각하게 말하자면 남의 생명을 빼앗는 행위로 간주할 수도 있겠습니다. 그래서 칼로 베듯이 한가한 자의 면회는 사절한다고 하셨을 겁니다.

자기에게 주어진 시간을 철저히 지배한다는 것, 이것만으로도 나는 선생에게 고개가 절로 숙여집니다. 65세의 나이에 다시 피나는 고투를 벌인 선생의 모습이 돋보입니다.

○ 수사자와 같은 남성미가 있어야 해

사모님께서 타주시는 커피 맛은 그야말로 일품입니다. 여름에는 냉커피, 겨울에는 따뜻한 커피인데 부드럽고 맛 또한 향긋했습니다. 커피 타는 법을 넌지시 물으니 선생은 의뭉스럽게 웃으시는 것이었습니다.

"난 담배와 술을 먹지 않으니까 그 돈을 몽땅 커피값으로 밀어 넣거든. 말하자면 커피 하나만은 외국제가 아니면 마시지 않아."

아무튼 언제부터인가, 먼저 전화로 선약만 하면 낮이든 밤이든 선생을 찾아뵐 수 있었고 사모님께서 타주시는 커피 한잔을 대접받을 수 있었습니다. 커피잔이 들어오면 선생은 회전의자를 끌고 가까이 다가앉으며 진중한 기색으로 세상 돌아가는 소식을 묻고 당신 자신의 의견을 피력합니다. 창백한 얼굴과는 대조되는 열기 띤 목소리, 부드러우면서도 칼날 같은 눈초리를 대하고 나면 헤식은 잡담을 늘어놓거나 분명치 못한 대답을 준다는 것은 어림도 없는 수작입니다. 분명하고 똑똑한 말을 하지 않으면 상대를 해주지 않을 것이기 때문입니다. 역시 주치의의 조수와 같은 자세가 아니면 안 됩니다.

사모님은 커피 한잔 챙겨주고는 조용히 물러갑니다. 선생과 손님 사이에 오가는 대화에는 한마디도 참견하지 않습니다. 언제나 안방은 쥐 죽은 듯이 조용합니다. 일단 손님이 일어나면 사모님은 슬그머니 나타나 어줍은 웃음을 띠고 조용히 문을 열어주면서 복도로 안내합니다. 어느 대갓집에 들어온 수줍고 마음 약한 어멈을 방불케 합니다. 전전긍긍하는 사모님의 거동을 보노라면 어쩐지 선생에게 야속한 생각마저 듭니다. '호랑이처럼 집안에서 얼마나 무섭게 굴었으면…' 하고 말입니다.

사모님은 열두 살 연하의 인천 사람입니다. 일본의 감옥에서 한 다리를 잃은 선생은 해방 후 감옥에서 풀려나와 서울에서 활약하다가 미군정의 체포령을 피해 월북을 했습니다. 그때 조직에서는 선생의 신체 조건을 감안해 경호원 겸 간호사 역할을 해줄 만한 동행 둘을 딸려보냈는데 그중 하나가 곧 지금의 사모님 김혜원 여사입니다.

1947년 평양에서 선생과 결혼한 사모님은 남편을 따라 평양에서 북경으로, 북경에서 연변으로 남전북전하면서 무진 고생을 했습니다. 더구나 1957년 이후에는 선생의 월급은커녕 원고료 한 푼 없는 상황에서 남편을 섬기고 아들 해양을 기르며 소 갈 데 말 갈 데 가리지 않고[50] 뛰어다니며 돈을 벌어 살림을 해왔습니다.

선생이 돈화(敦化) 추리구(秋梨溝) 감옥에 갇혀 있는 10년간, 사모님과 아

---

50) 벌어먹기 위해 어디든 가리지 않고 다 다니고 무슨 일이든 가리지 않고 다 하다.

들 해양은 '반동 분자'의 가족이라고 동네 사람들에게마저 무시당하며 모진 수모와 박대를 받았습니다. 사모님은 벽돌 공장의 인부로, 원예 농장에서 아르바이트를 하며 밤낮 허둥거리며 뛰어다녔습니다. 공중변소(화장실)의 청소를 맡아 한 달에 10전씩 한 집 한 집 위생비를 거두러 다녔습니다. 그야말로 김학철 선생을 만나 한평생을 인생의 고해(苦海)에서 허우적거리며 살아온 셈입니다.

하지만 선생은 부인에게 평생 고생을 시키고도 한마디 사죄를 하는 눈치를 보이지 않습니다. 하물며 다리 하나가 없으니 부인을 대신해 장을 봐올 수도, 방 물걸레질도 한번 할 수 없습니다. 사모님이 정성껏 커피를 타 와도 무뚝뚝한 얼굴입니다. 사모님은 그냥 그의 경호원이요, 선생은 그림자처럼 붙어다니며 시중을 들어주는 사모님에게 치하 한번 하지 않습니다. 물론 두 분에게도 부부간의 애정을 표시하는 은밀한 때와 장소가 있겠지만 적어도 나에게는 선생이 너무 인정에 무딘 것 같았습니다.

몇십 년 전 주덕해의 부인 김영순 여사도, 문정일의 부인 한정희 여사도, 정율성의 부인 정설송 여사도 김학철 선생 댁에 놀러 와서는 그런 눈치를 채고 김학철 선생을 '불합격 남편'이라고 진담 반 농담 반으로 평가했답니다. 하지만 김학철 선생의 지론은 이랬습니다.

나를 불합격 남편이라고들 평가를 하지만 그건 다 현상만 보고 본질을 파고들지 못하는 데서 오는 오해야. 우리 동양 사람들은 서양 사람과는 다르거든. 사랑을 하는 데도 은근한 함축성이라는 게 있어서 겉으로 드러나게 그러안고 입 맞추지를 않아. 내가 20여 년이란 긴 세월 정치 풍파를 겪는 동안 우리 안사람은 갖은 고생을 다 하며 살아왔어. 심장병도 얻고 말야. 그러니 낸들 왜 마누라에게 미안한 마음이 없겠어? 하지만 난 사내대장부라는 게 여자들 앞에서 체통 값을 못 하고 너절하게 노는 것을 아주 경멸해요. 그러기에 '불합격 남편' 소리를 들을지언정 시시껄렁한 짓은 아니해요. 진정한 남성미란 수사자와 같은 기백 또는 위엄과 갈라놓을 수 없는 것이야.

○ 해학과 유머는 어려운 시대를 살아가는 지혜야

작년 늦가을, 서울에서 온 나의 친구 이종찬 씨가 연변의 어른들인 김학철, 정판룡, 조룡호 세 분 선생을 모시고 싶다고 해서 대우호텔에서 점심 식사를 한 적이 있습니다. 불고기, 해물탕에 술 한잔 나누는데 김학철 선생은 코카콜라 한 컵 받아놓고 애주가인 정판룡 선생과 조룡호 선생이 주고받는 농담을 재미있게 듣고만 있었습니다. 주식으로는 선생이 즐겨하는 냉면을 청했습니다.

식사를 마치자 나는 서둘러 내려가 세 분의 신발을 신기 좋게 짝을 맞추어 내놓기에 바빴습니다. 조룡호, 정판룡 두 분 선생은 각기 신발을 신고 일어서는데 아무리 찾아보아도 김학철 선생의 신발 한 짝이 보이지 않았습니다. 내가 신발 한 짝을 쥔 채로 널마루 밑을 이리저리 들여다보는데 김학철 선생이 껄껄 웃으셨습니다.

"여보게 김 군, 난 그 신발 한 짝이면 족하니까 이리 줘요."

고개를 드는 순간 나는 쌍지팡이를 잡고 오른발로만 서 있는 김학철 선생을 보았습니다. 외발 노인에게 구태여 신발 두 짝을 맞추어 드리려 한 내가 어리석었습니다. 정판룡, 조룡호 두 분 선생이 허리를 잡고 웃어대는 바람에 나는 얼굴에 모닥불을 썼고 바삐 한 짝밖에 없는 신발을 신기 편하게 내려놓았습니다.

"정말 미안합니다."

내가 한마디 사죄를 하니까 김학철 선생은 시무룩하게 웃으며 말을 꺼냈습니다.

"자네는 그만하면 약과야. 몇 해 전에 일본 동경(도쿄)에 있는 그 유명한 명월관에서 식사를 했지. 오오무라 선생네 내외간은 내 신발 한 짝을 찾다 못해 카운터에 '도난 신고'까지 했었지. 난 시치미를 떼고 앉아서 실컷 재미있는 구경을 했지. 사실 난 백화점에서 신발을 사도 옹근 한 켤레 값을 내고 한 짝만 사가지고 오는 사람이야."

"그럼 이제부터라도 왼발만 성해 있는 양반을 찾아가지고 반반씩 값을 물어야 절약이 되겠군요."

정판룡 선생이 한술 더 뜨는 바람에 모두들 대우호텔이 떠나갈 듯 웃음을 터뜨렸습니다.

참으로 김학철 선생은 여든 고령임에도 불구하고 여전히 사유가 민첩하고 해학과 유머 감각이 뛰어나셨습니다. 나는 한국에 갈 때마다 의례히 김학철 선생네 댁에 전화를 걸어 일부러 부탁을 받아가지고 갔습니다. 어느 한번 서울에서 원고료를 받아다가 연변대학 정문 앞에서 해양 형에게 전해준 적이 있었습니다. 이튿날 선생은 우리 집에 전화를 걸어왔습니다.

"아빠가 오거든 하남에 있는 할아버지, 다리 한 짝 없는 할아버지가 전화 한 통 달란다구 전해줘."

초등학교 3학년생인 막냇자식이 받았는데 놀음에 빠져 있다 보니 내가 돌아와도 까먹고 전화가 왔다는 이야기를 하지 않았습니다. 이튿날 다시 온 전화를 6학년생인 딸아이가 받고 내가 귀가하자 앵무새처럼 받아 외웁니다.

"하남에 계시는 다리 한 짝 없는 할아버지가 전화 달라고 했어요!"

그 길로 선생 댁에 갔더니 원고료를 받아오느라 수고를 했다고 치하를 하며 또 사모님에게 시켜 커피 한잔을 주셨습니다. 서울 소식을 전하고 일어서는데 탁상 위에 미리 마련해두었던 새하얀 봉투 두 개를 건네줍니다. 봉투 하나에는 '심부름을 못한 놈에게'라고 적어놓았고 다른 봉투 하나엔 '심부름을 잘한 놈에게'라고 적어놓았습니다. 집에 돌아와 막냇자식과 딸아이에게 주니 두 녀석이 재미있다고 깔깔대었습니다. 봉투 안에는 100원(위안)짜리 지폐가 한 장씩 들어 있었습니다.

참으로 두 아이에게 얼마나 좋은 추억을 남겨주었는지 모릅니다. 이 한 가지 추억만으로도 아이들은 성실하고 약속을 지키는 밝은 성격의 소유자가 되리라 믿고 싶습니다. 그래서 나는 가끔 이 귀중한 봉투를 꺼내 들고 파란만장한 인생의 역경을 헤쳐오신 선생의 찬란한 미소, 그의 힘과 매력에 사로잡히곤 합니다. 참으로 우리는 위대한 사상과 윤리에서가 아니라 자기 주변에 살고 있는 한 인간의 참된 모습에서 더 많은 것을 배우게 됩니다.

요즘 선생은 서울의 창작과비평사에서 30여 년간 그와 더불어 온갖 수난을 겪은 문제작 《20세기 신화》를 펴냈고 그냥 지칠 줄 모르는 정력으로 수필, 잡문들을 써내고 있으며 얼마 전에는 부르하통하 강변의 녹원호텔에서 〈로신과 문학〉이라는 훌륭한 강연까지 했습니다. 잠깐 볼펜을 놓고 커피잔을 들면 어린 손녀가 달려와 한쪽 다리로만 서서 할아버지에게 뽀뽀를 해준답니다. 사모님도 선생의 친구 이수성(전임 서울대학교 총장이며 국무총리) 선생의 지성 어린 도움으로 서울대학교 병원에 입원해 수술을 받고 심장병이 완치되었다고 합니다. 언젠가 선생을 만나 "사모님의 병을 뗐으니 불합격 남편의 모자를 벗겨드려야 하겠군요." 하고 버릇없이 농담을 걸었더니 "아무렴, 대회를 열구 선포를 하구 신문에 내야 하지." 하고 허리를 잡고 웃으시는 것이었습니다.

  선생을 만나 뵌 지도 한두 달 되니까 커피도 한잔 대접받을 겸 고생 끝에 천륜지락을 한껏 누리고 있는 선생 댁을 찾아가보아야 하겠습니다. 참으로 선생 같은 어르신이 우리 문단을 지켜주심은 우리 젊은 작가들의 자랑이요, 행복이 아닐 수 없습니다.

1997년 6월 8일
연길 자택에서

불굴의 투혼

11월 9일, 오늘은 일요일.

　아침저녁으로 쌀쌀한 바람이 불어오지만 한낮이면 제법 햇볕이 자글자글 내리쬡니다. 아닌 봄철에 금방 버들개지가 피고 살구꽃, 복숭아꽃이 만발할 것만 같습니다.

　장정일 선생의 칼럼집 《사색의 즐거움》 출판 기념 행사에 용케 나오셨더라는 이야기를 전해 들었지만 갓 출판된 우리 연변대학교 조문학부 학부사(學部史)도 드릴 겸 한번 찾아뵙고 문안을 드려야 했습니다. 8시경에 전화를 걸었더니 또 시간을 가지고 딱딱하게 흥정을 해옵니다.

　"언제 오겠어?"

　"10분만 짬을 내시면 좋겠고요. 오늘 중이면 저희는 아무 때도 괜찮습니다."

　"그럼 오전 10시 반! 기다리겠어."

　김학철 옹과의 약속은 단 1분 앞당길 수도, 지체할 수도 없음을 나는 잘 알고 있습니다. 기나긴 정치적 수난을 결속 짓고 65세에 붓을 다시 잡은 김학철 옹은 15년 동안 초인간적인 노력을 경주해 수많은 작품들을 발표했지만 지금도 붓을 멈추지 않고 있기 때문입니다. 김학철 옹은 지난달도 뼈를 깎는 듯한 허리의 통증을 참으며 잡문을 5편이나 《장백산》 잡지에 투고했습니다. 올해 81세, 최후의 돌진을 하고 있는 노 작가의 시간을 떼어먹는다는 것은 일종의 죄악임을 우리 젊은 문인들은 알고 있습니다.

오늘도 김학철 옹은 외과의처럼, 아니 아르헨티나 축구팀 선수들처럼 흰 바탕에 푸른 줄이 간 실내복을 입고 새하얀 위생모를 깊숙이 내리쓰고 있었습니다. 무엇을 집필하던 중인지, 원고지를 한편에 밀어놓으며 차탁을 짚고 껑충껑충 외발로 다가와 앉는 품이 아까 "10시 반!" 하고 매정하게 맺고 끊던 목소리와는 사뭇 다르게 환한 얼굴입니다.

한마디 분부도 없건만 사모님이 조용히 따뜻한 커피잔을 챙겨 들고 들어왔다가 어줍은 웃음만 남기고 물러가는데 김학철 옹은 마치 군용지도를 펼쳐놓은 전선사령관처럼 차탁 앞에 바싹 정면으로 다가와 앉습니다. 언제나처럼 진지한 얼굴로.

강마른 체구, 새하얀 머리에 창백한 얼굴, 하지만 김학철 옹의 두 눈은 유난히 밝았습니다. 노안유명(老眼猶明)이란 성구를 연상시켰습니다.

"들리는 소문과는 달리 건강이 좋아 보이는데요."

그러자 김학철 옹은 싱그레 웃으며 고개를 끄덕거립니다.

"머리는 여전한데 허리가 글러먹었어요. 옛날 감옥에서 얻은 병인데 늙어버리니까 다시 뛰쳐나오는가 봐. 허지만 허리가 아프다고 누워만 있을 수는 없거든. 요즘은 다시 매일 뛰고 있어. 날씨가 추우니까 새벽에는 나가지 못하지. 하지만 일단 조반(아침)을 먹고는 무작정하구 쌍지팡이를 챙겨가지구 강둑에 치달아 올라 저 연신교까지 뛰어갔다 오면 꼭 50분이 걸려. 아마 명년(明年) 즈음엔 팔다리 떨어진 놈들의 올림픽에 나가서 금메달을 따올 거야."

김학철 옹은 허리를 잡고 통쾌하게 웃고 나서 물었습니다.

"김 군의 아버진 잘 계신가?"

매일 열심히 KBS 방송을 듣고 있기에 서울 소식엔 서울 시민을 뺨칠

정도로 빠르고 자전거를 타고 15리 밖에 있는 백석(白石)의 약수를 길어 여덟 자식 집에 문전 송달을 할 정도로 건강하다고 했더니 또 껄껄 웃으십니다.

"장사는 장사로군! 워낙 만주국 시절의 자전거 명선수이니까. 아마 나보다는 한 살 아래지."

문학 공부를 하는 우리 형제들이 가끔 김학철 옹 댁에 드나드는 것만은 사실이지만 우리 부친의 운동 경력에 나이까지 손금 보듯 하는 데는 놀라지 않을 수 없었습니다. 김학철 옹은 언귀정전[51]으로 말머리를 돌렸습니다.

"일전에《장백산》잡지의 남영전 선생에게 수필 다섯 편을 써서 특별 서비스로 보내주었더니 '김학철 지정석(指定席)'이란 코너를 만들어놓구 한꺼번에 몽땅 싣겠다나. 달마다 다섯 편씩은 보장을 못 하겠지만 세 편씩은 꼭 보내줄 거야. 다섯 편을 냈다가 세 편, 두 편, 한 편으로 줄어들구 그런 용두사미는 꼴불견이니까 달마다 꼭 세 편씩 써 보낼 거야. 이 김학철이가 시퍼렇게 살아 있을 뿐만 아니라 노익장(老益壯)이라는 걸 세상에 보여줘야 하지 않겠나….

여봐, 그리구 말야. 이번에 보낸 다섯 편 중엔 〈컵 속의 폭풍〉이란 글이 있어. 로신도 〈가져오기주의(拿來主義)〉란 잡문에서 비슷한 이야기를 했지만 자신이 만만한 민족이나 정당, 정권은 말야 배포가 유하게 백성들에게 언론의 자유를 베풀거든. 시인 묵객(墨客)들이 찢고 빻고 떠들어댄들 그건 컵 속의 폭풍이나 진배없기 때문이야. 참작할 건 참작하구 귓등으로 들을 건 귓등으로 흘려버리면 그만이기 때문이야. 하지만 아직 우리에게만

---

51) 言歸正傳: 이야기가 본론으로 들어가다.

은 언론의 자유가 충분히 주어지지 않고 있어. 참 슬픈 일이야. 하지만 분명한 건 말야 살살 눈치만 보면서 일신의 영달과 안위만 따지구 간에 가 붙었다, 쓸개에 가 붙었다 하는 건 지성인으로서의 수치구 죄악이야. 아무튼 나는 여생을 모든 입 가진 자들이 다 말할 수 있는 자유를 위해 싸울 거야!"

김학철 옹은 옛 상해의 황포강가에서 작탄을 들고 결의를 다지듯이 한 주먹을 틀어쥐어 보였습니다. 역시 창백한 주먹이었지만 그처럼 크고 억센 주먹을 나는 처음 보는 것만 같았습니다.

이 세상에 비정과 비리가 있는 한 김학철 옹의 투혼은 단 하루도 쉴 수가 없는 것입니다. 바로 이런 투혼의 소유자이기에 김학철 옹의 이름은 자유와 평화를 사랑하는 모든 나라 국민에게 알려지기 시작했고 그 누구도 범접할 수 없는 우리 문단의 대부(大父)로, 그 누구도 꺾을 수 없는 인간의 철탑으로 솟아 있습니다. 김학철 옹의 모습은 참된 지성인들이란 생명이 지속되는 한 사색과 집필, 탐구와 고투를 그만두지 않는다는 것을, 또 그러한 애착과 집념, 지칠 줄 모르는 투혼이 오히려 생명의 연장을 가져온다는 진리를 가르쳐주고 있습니다.

서재에 걸린 벽시계가 부드러운 멜로디로 11시 반임을 정확히 알려왔습니다. 나 스스로 정한 면회 10분이라는 약속을 어기고 좋이 1시간이나 환담을 나눈 셈입니다. 마침 해양 형이 귀가했기에 그에게 카메라를 잡히고 김학철 옹을 모시고 기념사진을 찍을 수가 있었습니다. 죄송한 마음으로 바삐 자리를 뜨는 나를 보고 김학철 옹은 시무룩이 웃으며 말했습니다.

"또 놀러 와. 미리 전화를 걸고 말야!"
"무작정 뛰어들면 축객령을 내릴 겁니까?"

"면회 10분이라 해놓고 1시간씩이나 공 떼어먹지 않으면 돼."

짐짓 눈을 흘기고 나서 껄껄 웃습니다.

출입문에 한가한 자는 면회를 사절한다는 팻말을 걸고 야박하게 시간을 약속하는 어른이시지만은 분명 젊은 문학도들을 좋아하고 또 젊음으로 살며 일하는 김학철 옹입니다. 그의 투혼이 살아 있는 한 그의 문학은 영원히 푸르리라 믿습니다.

1997년 11월 9일
김학철 옹 댁을 방문하고

부록 3

김학철 선생이
생전에 정리한 자료 1

황포군관학교 13기(특별6반) 조선인 학생 명단

황포군관학교 13기(특별6반) 조선인 학생 명단

001 **윤치평(尹治平)** 본명 윤서동(尹瑞童), 서해(西海) 수상(水上) 보안대장
무정 부인(武亭夫人) 김영숙(金永淑, 김란영金蘭英)의 본남편

002 **문정진(文靖珍)**

003 **문명철(文名哲)** 본명 김일곤(金逸坤), 태항산에서 전사(戰死)함.

004 **문정일(文正一)** 본명 리운룡(李雲龍),
중국민족부(中國民族部) 차관(次官)

005 **왕현순(王現淳)** 일명 리지열(李志烈), 태항산에서 전사함.

006 **왕통(王通)** 일명 김탁(金鐸),
조선의용대(朝鮮義勇隊) 제1지대(第一支隊) 정치위원(政治委員)

007 **석성재(石成才)** 일명 장지민(張志民),
평북도(平北道) 보안부장(保安部長),
6.25 전쟁 시기 중국동북인민정부 주석,
고려(高麗)의 조선 문제 담당 비서

008 **백정(白正)** 대좌(大佐, 일본에서는 대령을 이름.)

009 **주동욱(朱東旭)** 대좌

010 **주연(朱然)** 본명 배준일(裵俊逸), 대좌

011 **주혁(朱革)** 사단 참모장, 38선 이남 지역에서 전사함.

012 **리강(李疆)**

013 **리휘(李輝)**

014 **리영래(李瀅來)** 일명 리유민(李維民), 함남도(咸南道) 인민위원장

015 **리홍빈(李鴻斌)** 일명 전영(田榮)

016 리대성(李大成) 남포시(南埔市) 당위원장(黨委員長)
017 리해명(李海鳴) 이승만의 노(老)부하였던 관계로 해방 후
한때 서울 중앙청(中央廳)의 위병장으로 근무하다가 월북함.
018 리달(李達)
019 리동호(李東浩) 대좌, 독립운동가 리두산(李斗山)의 차남
020 리명선(李明善) 본명 최요한 일명 최한(崔翰)
021 리소민(李蘇民) 일명 리경산(李景山), 조선약업회사 사장
022 여해암(余海岩) 중국신사군(中國新四軍) 대적공작과(對敵工作科) 과장,
대홍산(大洪山)에서 전사함.
023 심성운(沈星雲) 본명 심상휘(沈上徽),
조선독립동맹 서울위원회 조직부장
024 오민성(吳民星)
025 주운룡(周雲龍) 일명 리극(李克), 사단참모장, 전사함.
026 림상수(林相秀)
027 림평(林平) 태항산에서 병사(야전병원에 강심제(强心劑)가 없어서)함.
028 김동학(金東學)
029 김창만(金昌滿) 조선 정전(停戰) 담판 때, 판문점(板門店)에서
장춘산(張春山) 상좌(上佐)로 행세, 노동당 부위원장 겸 내각부수상
030 김철원(金鐵遠) 본명 김두성(金斗聲), 기갑사단 참모장,
생사불명(生死不明)
031 김흠(金鑫) 사단장, 생사불명
032 김하철(金河喆)
033 김학무(金學武) 조선의용대 제2지대 정치위원,
태항산에서 전사함.

034 김학철(金學鐵), 작가

035 김경운(金景雲)

036 김정희(金鼎熙), 낙양(洛陽)에서 병사(病死)함.

037 김화(金華), 교통사고로 사망

038 김무(金武) 대좌

039 리성호(李成鎬) 대좌

040 호철명(胡哲明), 중공당지부(中共黨支部) 서기(書記), 태항산에서 파상풍으로 전사함.

041 호일화(胡一華) 본명 리상조(李相朝), 인민군 부(副)총참모장, 정전 담판 때 북측 수석대표, 소련 대사, 소련 민스크에 살고 있음.

042 호유백(胡維伯), 태항산에서 장렬하게 극적으로 전사함.

043 강진세(姜振世) 본명 홍순관(洪淳官), 중앙당 기요과장(비서실장), 서안(西安, 시안)에 살고 있음.

044 마덕산(馬德山), 북경 일본헌병대에서 군사정탐을 죄목으로 총살당했음.

045 마춘식(馬春植), 여단장(旅團長)

046 마일신(馬一新)

047 진한중(陳漢中) 일명 김한중(金漢中), 평남도당(平南道黨) 조직부장, 6.25 전쟁 당시 부대를 지휘함.

048 진일평(陳一平), 항일 전쟁 중에 굴러내린 바위에 치여 죽음.

049 진국화(陳國華), 동해(東海) 수상 보안대장

050 진원중(陳元仲), 중경(충칭)에서 병사함.

051 서상석(徐相錫)

052 장중진(張重振), 항공학교 부교장

053 **장봉상**(張鳳翔), 무한(武漢)에서 병사함.
054 **장진광**(張振光), 노동당 중앙선전부 부부장(副部長),
《화살》사(社) 사장
055 **장지복**(張之福), 동해 수상 보안대장
056 **장의**(張毅) 본명 권태걸(權泰傑), 1990년 서울에서 병사함.
057 **장중광**(張重光) 본명 강병학(康炳學), 사단장(師團長)
058 **허금산**(許金山) 일명 김연(金演), 대좌
059 **고봉기**(高峰起), 중앙당 기요과장, 외무성 부상(副相),
평양시당(黨) 위원장(委員長)
060 **풍중천**(馮仲天) 일명 리동림(李東林), 대좌, 생사불명
061 **최철호**(崔鐵鎬) 일명 한청도(韓清道), 태항산에서 전사함.
062 **최성장**(崔成章) 본명 로철룡(盧鐵龍), 방호산(方虎山)군단 참모장
063 **최계원**(崔啓源), 대좌, 38선 이남 지역에서 전사함.
064 **황기봉**(黃起鳳), 항일 전쟁 중 탈영
065 **조소경**(趙少卿) 본명 리성근(李聖根), 대좌, 실명함.
066 **정염**(鄭炎), 루마니아 대좌
067 **정계파**(鄭滄波), 신익희(申翼熙, 해공海公)의 친조카
068 **정원형**(鄭元衡) 일명 류문화(柳文華), 《민주조선》 주필(主筆)
069 **료천석**(廖天鐸) 본명 박성률(朴成律), 중국 국민당 군대 장교(將校)
070 **장원복**(蔣元福) 일명 한청(韓青), 보안사단(保安師團) 참모장
071 **박무**(樸茂) 일명 박무(朴茂), 조선중앙통신사 사장
072 **한덕지**(韓德志) 일명 한덕지(韓得志)
073 **라중민**(羅仲珉) 일명 리명(李明), 사단장
074 **주창손**(朱昶孫) 본명 안창손(安昶孫), 포병사단 참모장, 전사함.

075 리명준(李明俊)

076 김용섭(金容燮) 본명 전용섭(全容燮) 일명 류신(柳新),
사단참모장, 전사함.

077 서각(徐覺) 태항산에서 죽었는데 사인(死因) 불명

078 장문해(張文海) 본명 리효상(李孝相),
상해 일본총영사관 경찰서에서 옥사(獄死)함.

누락된 학생들

079 김휘(金輝) 평북도당(平北道黨) 위원장

080 장해운(張海雲) 일명 로민(魯珉), 남포시당(市黨) 위원장

081 관건(關鍵) 본명 황재연(黃載然), 사단장

082 하진동(何振東) 포병(砲兵)학교 교장

083 우자강(于自强) 중국 여성과 결혼 후 대오를 떠났음.

084 왕극강(王克强) 본명 김창규(金昌奎), 1950년 가을,
서울에서 살해당했음.

085 황민(黃民) 본명 김승곤(金勝坤), 한국독립동지회(同志會) 회장

086 장평산(張平山) 군단장

당시 조선인 교관들

- 김두봉(金斗奉)
- 백연(白淵)
- 왕지연(王志延) 즉 한빈(韓斌)·미하일 한
- 석정(石正) 본명 윤세주(尹世胄), 태항산에서 전사함.
- 왕웅(王雄) 본명 김홍일(金弘壹), 한국 외무부 장관

조선인 소대장(小隊長)들

- **리익성**(李益星) 해방 후 보안부대(部隊) 사령관
- **최경수**(崔慶洙) 후에 상해 일본경찰서에 제 발로 걸어 들어가 자수함(변절).

조선인 중대(中隊)지도원

- **주세민**(周世敏) 해방 후 외무성 미(未)해방구 담당부장

교장

- **장개석**(蔣介石)

김학철 선생의 설명

중국의 웨스트포인트라는 황포군관학교에서 조선 학생들을 계속 군사 인재로 육성해냈는데 이에 위협을 느낀 일본 정부가 항의를 했다. 그 바람에 장개석 교장은 눈가림으로 조선 학생 전원을 일단 출학(黜學) 처분을 해놓고 이튿날 다시 뒷문으로 불러들여 등록시켰는데 이름을 모두 중국 이름으로, 본적도 모두 중국의 동북삼성으로 바꾸라는 명령을 내렸다. 그리하여 조선 학생들의 성은 많이 왕(王), 호(胡), 장(蔣), 여(余), 풍(馮) 등으로 변하고 본적지는 모두 료녕(遼寧), 길림(吉林), 흑룡강(黑龍江) 등지로 변해버렸다. 그런데 여기서 한 가지 흥미로운 사실은 학생들의 현주소가 모두 한구(漢口) 화상가(華商街) 15호-조선민족혁명당 한구 판사처(辦事處)로 되어 있는 것이다. 조선민족혁명당은 의열단의 후신(後身)으로 그 당수(黨首)는 약산 김원봉이었다.

부록 4

김학철 선생이
생전에 정리한 자료 2

조선의용대 명단

조선의용대 명단

001 **김원봉**(金元鳳) 호는 약산(若山)

002 **김두봉**(金枓奉) 호는 백연(白淵)

003 **석정**(石正) 본명 윤세주(尹世胄)

004 **최창익**(崔昌益) 일명 리건우(李建宇)

005 **한빈**(韓斌) 본명 한미하일, 가명 왕지연(王誌延)

006 **김성숙**(金星淑)

007 **박효삼**(朴孝三)

008 **리익성**(李益星) 일명 리의흥(李義興)

009 **왕통**(王通) 일명 김탁(金鐸)

010 **김학무**(金學武) 일명 김준길(金俊吉)

──────── 이상은 지도부 구성원 ────────

011 **강진세**(姜振世) 본명 홍순관(洪淳官)

012 **고봉기**(高峰起)

013 **공명우**(孔明宇)

014 **권채옥**(權彩玉, 여)

015 **김경운**(金景雲)

016 **김동학**(金東學)

017 **김무**(金武)

018 **김세광**(金世光) 일명 김세일(金世日)

019　김인철(金仁詰) 본명 구재수(具在洙)

020　김정희(金鼎熙)

021　김창규(金昌奎) 가명 왕극강(王克强)

022　김창만(金昌滿)

023　김철원(金鐵遠) 본명 김두성(金斗聲)

024　김하철(金河喆)

025　김학철(金學鐵) 본명 홍성걸(洪性杰)

026　김위(金煒) 일명 김유홍(金幼鴻)

027　김화(金化)

028　김휘(金輝)

029　김흠(金鑫)

030　라중민(羅仲敏) 일명 리명(李明)

031　로민(魯民) 본명 장해운(張海雲)

032　로철룡(盧哲龍) 가명 최성장(崔成章)

033　료천탁(廖天鐸) 본명 박성률(朴成律)

034　리강(李疆) 일명 리종건(李鍾乾)

035　리달(李達)

036　리대성(李大成)

037　리동호(李東浩)

038　리시영(李始榮)

039　류만화(劉晚華) 본명 최진오

040　류문화(柳文華) 본명 정원형(鄭元衡)

041　리만영(李萬永)

042　리명선(李明善) 본명 최약한(崔約翰)

043 리상조(李相朝) 일명 호일화(胡一華)

044 리성호(李成鎬)

045 리소민(李蘇民) 일명 리경산(李景山)

046 리유민(李維民) 일명 최영래(崔瑩來)

047 리정호(李貞浩)

048 리지강(李志剛)

049 리집중(李集中) 본명 리종희(李鍾熙)

050 리철중(李鐵重) 일명 정의부(程毅夫)

051 리춘암(李春岩) 일명 반해량(潘海亮)

052 마덕산(馬德山) 본명 리원대(李元大)

053 마일신(馬一新)

054 마춘식(馬春植) 일명 리홍림(李鴻林)

055 문명철(文明哲) 본명 김일곤(金逸坤)

056 문정일(文正日) 본명 리운룡(李雲龍)

057 문정진(文靖珍)

058 리해명(李海鳴)

059 리홍빈(李鴻斌) 본명 전영길(全英吉) 일명 전영(田榮)

060 림상수(林相秀)

061 림평(林平)

062 서각(徐覺)

063 서상석(徐相錫)

064 박무(朴茂) 본명 박영호(朴英鎬)

065 백정(白正)

066 석성재(石成才) 일명 장지민(張志民)

067 신악(申岳)

068 심성운(沈星雲) 본명 심상휘(沈相徽)

069 안창손(安昶孫)

070 양민산(楊民山) 일명 김민산(金民山)

071 양대봉(楊大峰) 일명 곽진(郭震)

072 여성삼(余省三) 일명 송은산(宋銀山)

073 여해암(余海岩)

074 엽홍덕(葉鴻德)

075 오민성(吳民星)

076 왕수의(王守義)

077 왕자인(王子仁)

078 왕현순(王現淳) 일명 리지열(李志烈)

079 윤공흠(尹公欽) 일명 리철(李哲)

080 윤치평(尹治平) 본명 윤서동(尹瑞童)

081 장문해(張文海) 본명 리효상(李孝相)

082 장봉상(張鳳翔)

083 장원복(蔣元福) 일명 한청(韓靑)

084 장의(張毅) 본명 권태걸(權泰杰)

085 장중광(張重光) 본명 강병학(康炳學) 일명 환산학길(丸山鶴吉)

086 장중진(張重鎭)

087 장지복(張之福)

088 장진광(張振光)

089 장평산(張平山)

090 전용섭(全容燮) 일명 류신(柳新)

091 정여해(鄭如海)

092 정염(鄭炎)

093 정창파(鄭滄波)

094 조렬광(趙烈光) 일명 마철웅(馬鐵雄)

095 조소경(趙少卿) 본명 리성근(李聖根)

096 주동욱(朱東旭)

097 주세민(周世敏)

098 주연(朱然) 본명 배준일(裵俊逸)

099 주운룡(周雲龍) 일명 리극(李克)

100 주혁(朱革)

101 진국화(陳國華)

102 진경성(陳敬誠) 본명 신송식(申松植)

103 진동명(陳東明)

104 진락삼(陳樂三)

105 진원중(陳元仲)

106 진일평(陳一平)

107 진한중(陳漢中) 일명 김한중(金漢中)

108 최계원(崔啓源)

109 최철호(崔鐵鎬) 일명 한청도(韓淸道)

110 풍중천(馮仲天) 일명 리동림(李東林)

111 하진동(河振東) 본명 하봉우(河奉禹)

112 한경(韓璟)

113 한득지(韓得誌) 일명 리근산(李根山)

114 허금산(許金山) 일명 김연(金演)

115 호유백(胡維伯)
116 호철명(胡哲明)
117 한지성(韓志成)
118 황기봉(黃起鳳)
119 황민(黃民) 본명 김승곤(金勝坤)
120 황재연(黃載然) 가명 관건(關鍵)
121 우자강(于自强)
122 최경수(崔慶洙)

* 118(황기봉)과 122(최경수)는 훗날 변절해 일제에 투항했음.

부록 5

김학철 연보

연도	경력	작품 활동
1916년	11월 4일, 함경남도 원산(당시 함경남도 덕원군 현면 룡동리)에서 누룩 제조업자의 아들로 태어남. 이름은 홍성걸(洪性杰).	
1922년 (만 6세)	아버님 홍두표(洪斗杓)의 타계로 홀어머니 김상련(28세) 슬하에서 삼 남매 중 맏아들로 자람 (여동생 성선性善, 성자性子).	
1924년 (만 8세)	4월, 원산제2공립보통학교에 입학.	
1929년 (만 13세)	3월, 원산제2공립보통학교 졸업. 서울 외가(관훈동 69번지)의 도움으로 서울 보성고등학교 입학.	
1934년 (만 18세)	서울 보성고등학교 졸업. 리상화의 〈빼앗긴 들에도 봄은 오는가〉와 입센의 〈민중의 적〉 영향으로 빼앗긴 땅을 총으로 찾으려 결심.	문학지 《조선문단》에 소설 한 편 써냈다가 퇴짜 맞음. 다시는 소설을 안 쓰기로 함.
1935년 (만 19세)	상해 대한민국임시정부를 찾아 중국 상해로 망명. 상해에서 심운(沈芸|沈星芸)에 포섭되어 의열단에 가입. 석정(石正|尹世冑)의 지도하에 반일 테러 활동에 종사. 상해에서 리경산(李景山|李苏民)과 친해짐.	
1936년 (만 20세)	조선민족혁명당 입당, 김원봉의 부하가 됨. 당시 조선민족혁명당 중앙본부 소재지는 남경 화로강(花露崗)에 위치함. 행동대 대장은 로철룡(盧鐵龙|崔成章), 대원으로는 서각, 라중민, 왕극강, 안창손, 김학철 등. 행동대는 상해에서 반일 테러 활동 전개. 조선혁명당 김원종 씨의 편지를 가지고 김구(金九) 선생을 만남. 화로강의 동료로는 반일 애국자 최성장, 반해량(리춘암), 로철용, 문정일, 정률성, 로민, 김파, 서휘, 홍순관, 한청, 조서경, 리화림, 안창손, 라중민 등. 로신 선생을 몹시 숭배하여 리수산과 함께 려반로(呂班路) 로신 선생 저택 문앞까지 갔다가 용기 부족으로 돌아옴.	

1937년 (만 21세)	7월 중국 호북 강릉(江陵) 중앙육군군관학교(황포군관학교 교장 장개석)에 입학. 당시의 교관으로는 김두봉(金斗奉|白淵), 한빈(韓斌|王志延), 석정, 왕웅(王雄|金弘壹), 리익성(李益星), 주세민(周世敏). 김두봉, 한빈, 석정의 진보적 사상 영향으로 마르크스주의자가 됨. 동창생으로는 문정일, 리대성, 한청, 조서경, 홍순관, 리홍빈, 황재연, 요천택, 리상조 등이 있음.	
1938년 (만 22세)	7월 중앙육군학교를 졸업하고 소위 참모로 국민당 군대에 배속. 10월 무한에서 조선의용대(조선의용군의 전신, 총대장 김원봉) 창립, 창립 대원으로 제1지대 소속. 화북 항일 전장(戰場)에서 분대장으로 활약. 전우로는 김학무, 문명철, 문정일 등이 있음.	
1939년 (만 23세)	상반기 호남성 북부 일대에서 항일 무장 선전 활동 전개. 하반기 호북성 제2지대로 옮겨 중국 국민당 제5 전구(戰區)와 서안 일대에서 교전.	
1940년 (만 24세)	8월 29일 중국 공산당에 가입.	
1941년 (만 25세)	연초 조선의용대 제1지대원으로서 락양(洛陽) 일대에서 참전. 여름 화북 팔로군(八路軍) 지역으로 들어가 조선의용군 화북 지대 제2분대 분대장으로 참전. 12월 12일, 하북성 원씨현(元氏縣) 호가장(胡家庄) 전투에서 일본군과 교전 중 부상, 포로가 됨.	태항산 시기 항전의 일선에서 가사, 극본 등 창작. 김학철 작사, 류신 작곡의 〈조선의용군 추도가〉와 김학철 극본, 최채 연출의 〈등대〉 등이 있음.
1942년 (만 26세)	1월부터 4월까지 석가장 일본총령사관에서 심문받음. 당시 '일본 국민'으로 10년 수감 판결, 죄명은 '치안유지법 위반'. 5월 북경에서 열차로 부산까지, 부산에서 다시 배를 갈아타고 일본으로 연행. 일본 나가사키 형무소(長崎刑務所)에 수감. 단지 전향서를 쓰지 않는다는 이유로 총상당한 다리를 치료받지 못함. 옥중에서 같이 수감된 송지영(宋志英)과 알게 됨.	

1943년 (만 27세)	일본 감옥 수감.	
1944년 (만 28세)	일본 감옥 수감.	
1945년 (만 29세)	수감 3년 6개월 만에 좌각(坐脚) 절단. 10월 9일 맥아더사령부(GHQ)의 정치범 석방 명령으로 송지영 등과 함께 출옥. 송지영과 함께 서울로 감. 송지영의 소개로 소설가 리무영을 알게 됨. 리무영은 김학철의 문학 '계몽 스승'임. 11월 1일 조선독립동맹 서울시위원회 위원으로 좌익 정치 활동을 하면서 소설 창작에 임함. 문학가동맹에서 조벽암, 이태준, 김남천, 이원조, 안희남 등을 알게 됨.	12월 1일 처녀작 단편소설 〈지네〉를 서울 《건설주보》에 발표.
1946년 (만 30세)	서울서 창작 활동. 11월 좌익 탄압으로 부득이 월북.	〈균렬〉(《심문학》 창간호), 〈남강도구〉(《조선주보》), 〈아아 호가장〉(《신천지》), 〈야맹증〉(《문학비평》), 〈밤에 잡은 부로〉(《신천지》), 〈담배국〉(《문학》 창간호), 〈상흔〉(《상아탑》), 그밖에 〈달걀(닭알)〉 〈구멍 뚫린 맹원증〉 등 10여 편 단편소설을 서울에서 발표.
1947년 (만 31세)	《로동신문》 기자, 인민군신문 주필로서 창작 활동. 경기도 인천시 부평 사람 김혜원(金惠媛, 본명 김순복) 여사와 결혼.	단편소설 〈정치범 919〉 〈선거 만세〉 〈적구〉 〈똘똘이〉 〈꼼문의 아들〉 등을 신문, 잡지에 발표. 중편소설 〈범람(泛濫)〉을 조선문학예술총동맹기관지 《문학예술》에 발표.
1948년 (만 32세)	2월 외아들 김해양(金海洋) 인천 부평(仁川 富平)에서 출생. 외금강 휴양소 소장. 김일성이 어린 김정일을 데리고 여러 차례 찾아옴.	고골의 《검찰관》 번역 출판, 시나리오 개편. 황철, 문예봉 등 연출 준비 완료, 전쟁으로 중단. 정률성과 합작하여 〈동해 어부〉 〈유격대전가〉 등 창작.
1950년 (만 34세)	10월 압록강을 건너 중국으로 옴. 국경에서 문정일의 도움을 받음.	

1951년 (만 35세)	1월부터 중국 북경 중앙문학연구소(소장은 정령)에서 연구원으로 창작 활동.	
1952년 (만 36세)	10월 주덕해, 최채의 초청으로 연변에 정착. 연변문학예술계련합회 주비위원회 주임으로 활동.	중편소설 《범람》(중국어, 민문학출판사) 출판. 단편소설집 《군공메달(軍功章)》(중국어, 인민문학출판사) 출판. 로신 단편소설집 《풍파(風波)》(연변교육출판사) 번역 출판.
1953년 (만 37세)	6월 위의 주임직 사퇴하고 전직 작가로 창작 활동에 전념.	단편소설집 《새집 드는 날》(연변교육출판사) 출판. 정령의 장편소설 《태양은 상건하를 비춘다》 번역 출판. 로신의 중편소설집 《아Q정전》(연변교육출판사) 번역 출판.
1954년 (만 38세)		장편소설 《해란강아 말하라》(상·하, 연변교육출판사) 출판.
1955년 (만 39세)		로신의 중편소설집 《축복(祝福)》(연변교육출판사) 번역 출판.
1957년 (만 41세)	반동분자로 숙청, 24년 동안 강제 노동에 종사.	단편소설집 《고민》(북경민족출판사) 출판. 중편소설 《번영》(연변교육출판사) 출판.
1961년 (만 45세)	북경 소련대사관 진입 시도 사건.	
1962년 (만 46세)		주립파 장편소설 《산촌의 변혁》(상, 연변인민출판사) 번역 출판.
1964년 (만 48세)		주립파 장편소설 《산촌의 변혁》(하, 연변인민출판사) 번역 출판.
1966년 (만 50세)	7월 홍위병의 가택수색으로 개인숭배, 대약진을 비판한 장편소설 《20세기의 신화》 원고 발각, 몰수당함.	

1967년 (만 51세)	12월부터 《20세기의 신화》를 쓴 죄로 징역살이 10년. 연길유치소(미결), 장춘(長春) 감옥, 추리구(秋梨溝) 감옥 감금, 복역.	
1977년 (만 61세)	12월 만기 출옥, 향후 3년간 반혁명 전과자로 실업.	
1980년 (만 64세)	12월 복권. 24년 만에 65세의 나이로 창작 활동 재개.	
1983년 (만 67세)		전기문학 《항전별곡》(흑룡강조선민족출판사) 출판.
1985년 (만 69세)	11월 중국작가협회 연변분회 부주석으로 당선.	《김학철 단편소설집》(료녕민족출판사) 출판.
1986년 (만 70세)	중국작가협회 가입.	장편소설 《격정시대》(상·하) 전기문학 《항전별곡》(거름) 재판.
1987년 (만 71세)		《김학철 작품집》(연변인민출판사) 출판.
1988년 (만 72세)		장편소설 《격정시대》(상·중·하), 《해란강아 말하라》(상·하)를 풀빛사에서 재판.
1989년 (만 73세)	1월 29일 중국공산당 당적 회복. 9월 22일~12월 18일 월북 후 첫 서울 나들이. 12월 부부 동반 일본 방문.	보고문학 《고봉기유서》, 마천사 출판. 단편소설집 《무명소졸》 풀빛사 출판. 산문집 《태항산록》 대륙연구소 출판.
1991년 (만 75세)	6월 21일~7월 3일 서안 옛 전우 서휘, 강진세 등과 재회.	
1993년 (만 77세)	5월~7월 부부 동반 일본 방문.	
1994년 (만 78세)	3월 KBS 해외동포상(특별상) 수상. 2월~4월 부부 동반 한국 방문. (대련-홍콩-서울-상해-심양-연길)	산문집 《누구와 함께 지난날의 꿈을 이야기하랴》(실천문학사) 출판.

1995년 (만 79세)		자서전 《최후의 분대장》(문학과 지성사) 출판.
1996년 (만 80세)	12월 창작과비평사 초청으로 한국 방문 출판기념회 참석.	산문집 《나의 길》(북경민족출판사) 출판. 장편소설 《20세기의 신화》(창작과비평사) 출판.
1998년 (만 82세)	4월 장춘 《장백산》 잡지사 방문. 6월 우리민족서로돕기운동본부 초청으로 서울 방문. 10월 서울 보성고교 초청으로 한국 방문. '자랑스러운 보성인' 수상.	단편소설집 《무명소졸》(료녕민족출판사) 재판. 《김학철 문집》 제1권(태항산록), 《김학철 문집》 제2권(격정시대) 연변인민출판사 출판.
1999년 (만 83세)	10월 우리민족서로돕기운동본부 초청으로 서울 방문.	《김학철 문집》 제3권(격정시대), 《김학철 문집》 제4권(나의 길) 연변인민출판사 출판.
2000년 (만 84세)	5월 NHK 서울지사 초청으로 서울 방문.	
2001년 (만 85세)	한국 밀양시 초청으로 한국 방문. 석정 탄신 100주년 기념 국제 학술회 참석. 서울적십자병원 입원. 2001년 9월 25일 오후 3시 39분 연길시에서 타계. 유체는 화장하여 두만강에 뿌려짐. 일부는 우편함에 담아 동해로 보냄.	산문집 《우렁이 속 같은 세상》(창작과비평사) 출판.

김학철 항일 투쟁 경로

→ 원산에서 태어나 호가장 전투까지의 이동 경로
⇢ 호가장 전투에서 총상을 입은 후의 이동 경로

* 단동: 1965년 안동(安東)에서 단동(丹東)으로 개명.

조선의용군 투쟁 경로

* 1938년에 창립된 조선의용대는 1942년 조선의용군으로 개편.

조선의용대 최후의 분대장 김학철

김학철과 함께
격정의 시대로

초판 1쇄 인쇄 2025년 7월 30일
초판 1쇄 발행 2025년 8월 15일

편　저 | 김해양 · 김호웅
발행인 | 이선애

편　집 | 박지선
교　정 | 김동욱
디자인 | 채민지

발행처 | 도서출판 레드우드
출판신고 | 2014년 07월 10일(제25100-2019-000033호)
주소 | 서울시 구로구 항동로 72, 하버라인 402동 901호
전화 | 070-8804-1030　　팩스 | 0504-493-4078
이메일 | redwoods88@naver.com
블로그 | blog.naver.com/redwoods88

ISBN 979-11-87705-40-6 (03910)
값 28,000원

ⓒ 김해양 · 김호웅, 2025
* 사진 제공 및 설명 김해양

+ 저작권법에 의해 한국 내에서 보호를 받는 저작물이므로 무단 전재와 무단 복제를 금합니다.
　이 책의 전부 또는 일부를 이용하려면 반드시 저작권자와 도서출판 레드우드의 서면 동의를 받아야 합니다.
+ 당신의 상상이 한 권의 소중한 책이 됩니다.
　지혜를 나눌 분은 원고와 아이디어를 redwoods88@naver.com으로 보내 주세요.